村岡到

# 日本共産党をどう理解したら良いか

ロゴス

注の表記については、統一しなかった。
人名の敬称についても、統一しなかった。
村岡到の著作については本文中では出版社、刊行年を省略した。

# まえがき

昨年一二月一四日投開票の総選挙の結果は、①自民党・公明党の「圧勝」となった。自公で改選議席から一減だが、三二五議席で三分の二を維持した。②日本共産党は八議席から二一議席に躍進し、議案提案権を得た（得票は比例区で六〇六万票・得票率一一％）。③投票率は戦後最低だった前回よりも七ポイント下げて五二％に留まった。④沖縄では「オール沖縄」が四選挙区すべてで自民党に勝利した。⑤石原慎太郎氏や田母神俊雄氏が落選し、次世代の党が惨敗した。この五点が、重要性の順位は別として、今度の総選挙の重大な特徴である。

日本共産党の志位和夫委員長は、開票直後のテレビでの記者会見で「感無量です」と心情を吐露した。確かに、今回の「画期的躍進」は一九九六年の総選挙いらいであり、彼が委員長となったのは二〇〇〇年だから、初めて誇るに足る戦績を勝ち取った。だから、個人的感傷としては正直ではある。だが、まさにこの一言に、共産党の特徴がよく表れている。テレビ報道の一場面で判断してはいけないと注意する人には、投票翌日の常任幹部会の声明を読むことを勧める。そこには、「画期的躍進」は二度出てくるが、自公が三分の二を占めた事実すら書かれていない。共産党にとっては、全体の政局の動向よりも自分の党の事情＝消長のほうが重要なのである。今年一月二〇日に開かれた第三回中央委員会総会の「志位委員長の結語」では折角「日本の政治史の流れのなかで、〔共産党の〕躍進の政治的意義を深くつかむ」と節を立てながら、「一九六一年に綱領路線を確立して以来」と話す。六〇年安保闘争には触れない。これでは、「日本の政治史」ではなく、共産党の歩みである。共産党の特徴をよく示す場面だから、最初にあげたのだが、私はそのことにばかり目を向けているわけではない。冒頭にも二番目に確認しているように、共産党の躍進はきわめて重要な、民意の表現である。共産党自身の宣伝用語を使えば「自共対決」が示されたのである。セクト主義的宣伝用語の乱発は避けなくてはならないが、昨年一二月二四日、首班指名を終えた安倍晋三首相が共産党の衆議院控室を訪ねて、「『自共対決』でやりましょう」と山下芳生書記局長に相槌を打つほどである（「赤旗」一二月二五日）。

総選挙の結果についてさまざまな論評が出されているが、共産党の躍進にまったく触れないものやほとんど言及しない傾向が少なくない（低投票率、沖縄の勝利についても触れない）。共産党の躍進を素直に認めることができないようでは、今後の日本の政治についてまともに分析したり、いずれの立場に立つにしてもしっかりした展望を描くことはできない。

共産党はどういう政党なのか、その実態と内実を知る必要がある。

私がどういう立場から共産党を捉えているのかをはっきりさせよう。

私は、一九六〇年の安保闘争に高校生の時にデモに参加していらい、新左翼の労働者活動家として生きてきたが、最初に出会った、政党の党員は、共産党の高校教師であった。真面目な人だった。

彼にその青年組織の民青に誘われたが、私は全学連を主導していた中核派に接近して上京し、その労働者組織の同盟員となった。この党派は「反帝（国主義）・反スタ（ーリン主義）」を主唱し、「社共（社会党と共産党）に代わる前衛党」をめざしていたから、共産党とは激しく敵対していた。

私にとって転機は、一九七五年に第四インターに加盟したことにあった。七八年にその機関紙「世界革命」の編集部で働くようになり、最初に手掛けたのが共産党批判であった。上田耕一郎の『先進国革命の理論』（大月書店、一九七三年）を一読してショックを受けた。以後、私は「共産党への内在的批判」と「共産党との対話」を提起するようになった。八〇年に政治グループ稲妻なるごく小さなグループを創り、この年に『スターリン主義批判の現段階』を刊行した。

以後、私は一貫してこの立場に立って、共産党を観察し批判してきた。

一九八四年には『朝日ジャーナル』に掲載した拙論「不破委員長と上田副委員長の奇妙な自己批判の意味」などに対して、「奇妙な邪推の羅列」なる紙面四分の一の大きな「反論」が「赤旗」に掲載された（二月二五日）。同年に開かれた共産党の赤旗まつりで、トップの宮本顕治が私のことを「あのトロ〔ツキスト〕あがり」と評した。「職業的な反共文筆家」ともレッテル貼りされた（「赤旗」八八年七月八日）。一九九〇年までは何度か取り上げられたが、この四半世紀はまったく無視している。私は、二〇〇三年に『不破哲三との対話』を著した。だが、何の反応も起きなかった。

ただ一人かすかな接点があった上田耕一郎からは、二〇〇六年に年賀状（本書、一〇一頁）に続き、共産党の役職を退いたという「退任の挨拶」が届いた。

共産党の弱点を暴くことにではなく、日本政治の現実が提起している、共通の問題・難題に解答と活路を見出すことこそが求められている。だから、共産党への批判と同時に、取り上げた問題についての私なりの見解を提示することにも努めた（本書では、学生運動との関連は取り上げない）。

このような問題意識によって、この小著は次のような構成となる。

第Ⅰ部　日本政治と日本共産党
第Ⅱ部　日本共産党の理論的内実
第Ⅲ部　不破哲三氏との対話を求めて
付　録　石橋湛山に学ぶ　書評　三つ

付録に「石橋湛山に学ぶ」と書評を入れたのは、私の関心が共産党にだけあるのではなく、広く日本の政治にも向かっていること、とくに「小日本主義」に代表される、保守政治家のなかの良質な人物からも学ぶことが大切だと考えるからである。この基本的な姿勢によって、近年、私は鳩山友紀夫氏が主唱する「友愛外交」の大切さを学ぶことができた。

政局は、安倍晋三政権によって壊憲をはじめ危険な方向に向かっている。この反動と対決する市民活動は急速に高齢化しつつある。市民活動の活性化のためにこそ、共産党の脱皮が強く求められている、と私は考える。そのヒントをいくらかでも掴み取っていただくことに、小著刊行の意味はある。論争を呼び起こすことができれば、これに勝る喜びはない。ぜひとも批判を寄せていただきたい。

# 日本共産党をどう理解したら良いか　目次

## 付録

# 第Ⅰ部　日本政治と日本共産党

## 日本政治に占める共産党の位置とその実態

### 1　日本の政治風土

或るロシアの革命家が「政治的主張を変えることは楽だが、生活の習慣を変えることは難しい」というようなことをどこかに書いていた。[1] さらにこう付け加える必要がある。政治的主張は政治的行動に直結するわけではなく、政治的行動は生活の習慣に大きく影響されて現れる、と。日常生活を普通に過ごしている人は、政治的主張を明確に意識することすら少ない。

だから、或る政党――ここでは日本共産党をどのようなものとして評価するのかを解明するためには、日本の政治風土＝文化がいかなるものなのかを知る必要がある。「我邦においては古来、人民に権利があるなどということは夢にもみることがなかった[2]」――町人は斬り捨て御免だった徳川時代を二六五年も重ねてきた日本、全面的というわけではなかったが「鎖国」してきた日本では、一九世紀後半、明治維新（一八六八年）の後でもこれが知識ある者の常識だった。「権理」の意識は無かった（あるいはきわめて弱かった）。ついでながら、rigth の訳語は、「権理」（福沢諭吉『学問のすすめ』）もあったが、やがて「権利」となり、理＝ことわりのニュアンスは消し去られ、利害損得に誘導されるようになった。

西欧の社会主義思想が流入するようになり、キリスト者を中心に「初期社会主義運動」もいくらか展開されたが、労働者民衆に浸透することはできなかった。大正デモクラシーの時代、一九二二年にコミンテルン日本支部として共産党が非合法下で創設されたが、二五年には普通選挙（男子だけで高額納税者だけに投票権）と同時に治安維持法が制定され、「アカ攻撃」の残虐な弾圧を加えられてきた。治安維持法による逮捕者は数十万人、逮捕による死亡は二〇〇〇人弱だった。

敗戦後半世紀を経ても、二〇〇〇年六月の総選挙では公明党周辺では「アカ攻撃」のビラを大量に配布した。それが効き目があると思われていたからである。このように「反共風土」が根強いのが、日本の政治文化なのである。加えて、勝利したロシア革命の限界と変質が暗い影を落とした。

戦前における共産党の位置については、鶴見俊輔氏が的確に明らかにしている。

「日本共産党が、他の諸政党にくらべられるとき、その特徴となるのは非転向性である。日本の思想は実にぐらりぐらりと、外的な刺激に応じて『移動』してゆく。……すべての陣営が大勢に順応して、右に左に移動してあるく中で、日本共産党だけは創立以来、動かぬ一点を守り続けてきた。それは北斗七星のようにそれを見ることによって、自分がどの程度時流に流されたか、自分がどれほど駄目な人間になってしまったかを計ることのできる尺度として、一九二六年（昭和元年）から一九四五年（昭和二〇年）まで、日本の知識人によって用いられてきた[3]」。

この厳然たる事実を補強する一つの事実を当事者たる共産党の指導者の言によって知ることができる。宮本顕治は『わが文学運動論』で、近代日本の文豪・志賀直哉の言動を明らかにしている。一九三三年に国家権力の拷問によってプロレタリア文学作家小林多喜二が獄死した時、志賀は社会主義を志向していたわけではないが、「日記に『アンタンたる気持ち』になったが、『不図彼等の意図、ものになるべしといふ気がする』と書きました。……『意図』というのは、日本共産党がかかげた日本の社会を変革するという課題であります[4]」。

宮本がさらに「小林の通夜に行くだけでも多くの人を逮捕したりする当時の天皇制支配の恐怖政治のもとで、〔志賀が〕恐れず小林多喜二の母、せきさんに心のこもった弔文をよせたということは、日本文学史のきわめて光彩ある一ページです」と書き加えていることもしっかりと憶えておきたい。

実は、私は「北斗七星」の話の主が志賀だと錯覚していて、どこかに書いてあったはずだと、宮本の『わが文学運動論』を読み返していたら、鶴見氏の引用もあり（一五七頁）、志賀のエピソードに赤線と☆印が付いていた。一九八三年に刊行された本書を一読すれば、宮本の公正でバランスを保った姿勢を随所に感得できる。一例だけあげれば、宮本は武装闘争の是非をめぐっての「五〇年分裂」――宮本の用語では「五〇年問題」に関連して、「多くの党員の心が深く傷ついた。……第七回党大会（一九五八年）は苦悩し失望して党を去った人びとへの復帰を求める心からの呼びかけを発表した。多くの人びとが党の戦列に復帰したが、それにいたらなかった人びとに対しても、それを誰も責めることはできないだろう」と回顧している。

鶴見氏が確言しているように、「日本の国家権力にむかって正面から挑戦しつづけた思想家集団は、昭和年代に入ってからは、日本共産党以外になかったのである。私たちは、思想を大切なものと思うかぎり、日本共産党の誠実さに学びたい(5)」。

このような苛烈な風雪に耐え抜いて、共産党は闘い続けてきた。時代は遠く過ぎたが、この事実に頭を下げる姿勢を保持することが、共産党を理解する第一歩だと、私は考える。共産党の限界や誤りを批判する場合にも、この姿勢を崩してはいけない。

分かりやすい事例を示そう。一九九〇年代に、第二次大戦を阻止することができなかったから共産党にも戦争責任があるというような論評が話題になった。そのころ、社会主義者でもある経済人類学のカール・ポラニーの名著『大転換』を読んでいた私は、ポラニーの次の言葉に感動した。

「ある趨勢の究極的な勝利が、なぜ、その進行を抑制しようとする努力が無力であることの証拠とみなされなければならないのか。……変化の速度を落とさせたというまさにその点で評価されえないのか。……変化の速度は、変化の方向そのものに劣らず重要であることが多い(6)」。

一九一七年のロシア革命の報道に暗夜に光が射したように感じたのも確かなリアリティーではあったが、一九三〇年代のスターリン時代のおぞましい地獄絵もまた真実だった。限られた情報しか与えられないなかで、人は何を信じ、どこに活路を見出したらよいのか。後智慧で高見から批判することに、どれほどの意味があるのか。確かだと信じたことを互いに検証しあいながら、闇夜に三日月や遠い星の淡い光に頼るように険峻な隘路に道を探るほかない。日本共産党を評価する姿勢も、ここに定めなくてはならない。

戦後の共産党の歩みについては、この小さな本ではカバーできないが、敗戦直後に「武装闘争」を展開した共産党は、一九五五年の六全協で「武装闘争」路線を清算した。その後の三つのことだけを簡略に確認しておきたい。

一つは、戦後の大衆運動のなかで最大の規模で展開された一九六〇年の安保闘争における共産党の位置についてである。六〇年安保闘争の主軸をなした「安保条約改定阻止国民会議」に共産党は「幹事団体会議ではオブザーバーの地位にとどめられるという不当な差別的立場におかれた」[7]。後述する『日本共産党の七十年』ではこのように「社会党、総評など」の「セクト的態度」を批判していた。だが、『日本共産党の八十年』ではこの事実は消し去られている。

二つ目は、この社会党は、「五五年体制」の下で国会議員が最盛時には二四九人（一九五九年）を擁していたが、一九九一年のソ連邦崩壊の影響を受け、一九九六年に三分解して消滅した。民主党に合流する部分、党名を変えた社民党に残留する部分、新社会党を結党する部分に分かれた。現在社民党の国会議員はわずか六人、新社会党はゼロ（総評は一九八九年に解散し、連合が労働組合のナショナルセンターの最大組織（公称六八〇万人）となった）。社会党の消滅は、日本の左翼運動や市民運動の大きな後退を招く決定的な動因となった。ソ連邦崩壊を「巨悪の崩壊」と突き放すことができた共産党（本書、三六頁、参照）は、諸外国の共産党の衰退とは対照的に勢力を保持した。従来、「国際共産主義運動」のなかでは社会党や「構造改革」を掲げる潮流は「社民」（「社会民主主義」）と蔑まれてきたが、日本では、社会党が消滅して、そこに共産党がずれ込む形となった。

三つ目は、一九五六年のソ連邦共産党第二〇回大会でのフルシチョフによる「スターリン批判」の衝撃と同年のハンガリー事件に触発されて誕生した新左翼運動との関連である。(8) それ以前にも細々と流入していたトロツキズムとも合流して、六〇年安保闘争の高揚のなかで学生運動の主流は、共産党から新左翼に移動した。ソ連邦共産党の強い影響の下にあった日本共産党は、「スターリン批判」を受け止めることができず、新左翼を「反革命」と同義の「トロツキスト」なるレッテルを貼って排斥・敵対した。そのことが、新左翼に存在意義を付与することになった。さらに、「五〇年分裂」を経て、武装闘争路線から議会重視へと転換を図る共産党に対して、新左翼はレーニンの「暴力革命」の教義を踏襲したので、この点も両者の鋭い争点となった。マスコミの助勢も得て、新左翼は一時期は闘争課題によっては共産党を凌駕する勢いを見せたが、やがて武装闘争は行き詰まり、中心的党派が互いに殺人にまで手を染める「内ゲバ」に陥没し、全体として衰退していった（一九四〇年にトロツキーがスターリンの刺客に殺害された第四インターは、内ゲバを峻拒し批判した）。

「スターリン批判」の問題では明らかに新左翼は優位に立っていたが、武装闘争志向（思考）は大きな誤りであり、なお不明確さは残しながらも共産党のほうが歴史に学んでいた。その結果、半世紀を経て、冷静に判断すれば、日本社会に根づき、政治勢力として成長したのは、新左翼ではなく、共産党である。その対照的な現れが、本書「まえがき」で確認した、昨年末の総選挙における、共産党の比例区六〇六万票＝二一議席vs立候補者ゼロの新左翼、である。また、共産党から分裂していわゆるソ連派や中国派も生まれたが、それらはみな現在では解体してしまった。

地方自治体の首長選挙では共産党の候補が立候補することによって、選挙施行となり、市民の意志表示の機会が成立する例も少なくない。貧しく非力な労働者が、共産党員によって助けられ、励まされる事例も数多い。共産党は、自民党による横暴な政治への批判者として活動し続けている。「赤旗」のスクープ報道についても積極的なものとして評価しなくてはならない。近年の例では、二〇一一年六月に九州電力の「やらせメール」をスクープし、一三年に自民党がゼネコン業界に約五億円の政治献金を請求していたことを暴露した。

労働運動や平和運動、文化運動などへの共産党の影響力の盛衰については、『不破哲三との対話』で明らかにしたので、参照してほしい。最近は、全国革新懇や非核政府の会はほとんど報道されず、また9条の会の扱いも目立たない。次に、共産党の勢力がどうなっているかを明らかにしよう。

## 2　党勢の現状

「党勢」を表す指標は党員と機関紙「赤旗」の数である。昨年一月に四年ぶりに開催された第二六回党大会では、二〇一四年「一月一日の党員現勢は約三〇万五〇〇〇人」と公表されている。(9)「赤旗」は「日刊紙、日曜版読者を合わせて一二四万一〇〇〇人となっています」。だが、一一月二六日発表の「総選挙政策」では「三〇万人の党員」と減少している。党の支部は二万、地方自治体議員は二六八五人（同政策）。同日の第二回中央委員会総会（二中総）では後援会員は三六四万人と発表。今年の「党旗びらき」の挨拶で志位和夫委員長は「日曜版読者一人あたり〔の〕得票」という妙な指標を上げた（「赤旗」一月六日）。年末の総選挙では「六・一四」だったという。そこでは得票数は表示されていないが、計算すると日曜版は約九九万となる。日刊紙の数字も明示されていないが合わせても一二四万よりも減少しているのでは？「赤旗」には毎月初めに前月の読者の増減が報告されるのだが、一四年一二月についての報告は異例なことに明らかにされていない（だが、他の政党・党派ではこの種の数字は公表されていない）。

この数字だけでは趨勢も意味も分からないが、最大の数字は、党員は一九九〇年の約四九万人。「赤旗」は一九八〇年に三五五万部だった。国会議員は一九七九年に衆議院四一人、社会党解体後の九八年に参議院二三人。地方自治体議員は自治体合併以前は約四〇〇〇人いた。

党員数は、二〇一〇年の第二五回党大会では四〇万六〇〇〇人、「赤旗」は一四五万四〇〇〇部だった。一二年五月に二五年ぶりに開いた全国活動者会議で志位氏は、「約三一万八〇〇〇人に減少した」と明らかにした。党費未納など「実態のない党員」を整理して離党の措置を取った結果である。

「赤旗」の収支は深刻である。二〇一一年の三中総で突如「赤旗日刊紙の危機は猶予できない。毎月七億円の売上げに対して二億円の赤字」と報告した。そして、月額二九〇〇円を三四〇〇円に値上げすると決定し、二万部の増加を目標にした。日刊紙は二四万部と発表。財政難は、党本部の経費節約や勤務員の賃金圧迫を招き、選挙時のポスターや号外の発行にブレーキを掛ける。政党助成金に頼らず、党費や刊行物の収入を基礎に運営していることも特筆できる（ただし、共産党が受け取らない分が他の党に配分されていることを、共産党は分かりやすく報道しない）。

党員の数だけではなく、規約では「実収入の一％」の党費納入が重要である。一〇年九月の二中総では、「党員総数は四〇万余人」で、「党費納入は、全党的には六二％という水準にとどまっています」と報告され、合わせて「今回〔二〇一〇年〕の参議院選挙の活動に参加した党員も、五割〜六割にとどまったと報告されています。……一カ月に一度も支部会議が開かれていない支部が二割となっています」という現状が指摘されていた。

この二中総では「党の世代的構成の問題」も取りあげ、「今回の『現勢調査』の結果では、現在のわが党の世代的構成は、六五歳未満の党員は約六割、六五歳以上の党員が約四割という構成であることが明らかになりました。長期的推移でみると、一九九七年時点での世代的構成は、六五歳未満が約八割、六五歳以上が約二割でした」と公表し、「党の世代的継承をはかるという点で、いま何としても打開しなければならない緊急かつ切実な大問題です」と確認した（共産党の党員は一八歳以上。日本全体では一八歳以上で六五歳以上が三〇％）。

ここでは「党を語る力の土台となる綱領学習は、読了党員で四〇・六％、第二五回党大会決定の読了・徹底党員は三三・五％にとどまっています」、「地区委員会の常勤常任委員は、一九九七年と比較して、一三七六人から九一八人へと大きく減っています」と報告されていた。

さらに、党員の死亡も少なくない。第二六回党大会で志位氏は、前大会以降の四年間に一万八五九三人の党員が死亡したと報告した。

国政選挙については、二〇一二年一二月の総選挙では、得票は三六九万票・得票率は六・一三％。三年前のそれは四九四万票・七・〇三％。一三年七月の参院選では、得票は五一五万票・九・六％で、三年前の三五六万票・六・一％（三議席）よりは一五九万票増えたが、「第二の躍進の波」と称しているー九九八年の参院選では八一六万票・得票率一四・六％（八議席）だった（選挙区で七議席）のであり、それと比べるとその六三％に過ぎない。昨年末の総選挙では、前記のように比例区で得票は六〇六万票・得票率は一一・四％に躍進した。議席が八から二一に増え、議案提案権を得た。

なお、気づく人はほとんどいないが、一昨年六月五日から「赤旗」の左上の欄外から「A版」「B版」の表示が消えた。これまでの二版体制から一版だけになったからである。商業紙は一〇数版あり、八〇年代には「赤旗」も一〇版の時期があった。記事締めきり時間が早くなると前日夜のニュースが翌日に掲載できなくなり、速報性が落ち、記者の意気も阻喪する。

第二六回党大会決議の第5章は「躍進を支える質量ともに強大な党建設を」と立てられ、「二〇一〇年代に党勢の倍加、世代的継承に全力あげてとりくむ」として、具体的な数値を「五〇万の党員、五〇万の日刊紙読者、二〇〇万の日曜版読者」と示した。さらに「党の世代的継承を、綱領実現の成否にかかわる戦略的課題」と強調した。だが、最初に確認したように、現在は、党員三〇万人、「赤旗」一二四万人に留まっている。停滞しているのが実態なのである。だから、総選挙後の声明では「画期的躍進」と二度も書いたが、一三年の参議院選挙の後に打ち出していた「第三の躍進の波」とは書けなかったのである。

トップの役員配置については、第二六回党大会では数人の入れ替えが決定された。市田忠義書記局長（七一）が退任して、山下芳生氏（五三）が後任となり、副委員長に市田、小池晃氏（五三）が追加された。志位氏（五九）は委員長に、緒方靖夫（六六）、浜野忠夫（八一）、広井暢子（六六）の各氏は副委員長に留任した（年齢は大会時）。中央委員は一五三人、準中央委員は四五人で、常任幹部会は二二人、幹部会は五五人で構成されている。大会は、「二年または三年」に一度開かれる（党規約第一九条）。第二六回党大会の代議員は八三〇人（第二四回党大会は九六八人。第二五回党大会は報告なし）。党大会では、会計報告はしない。中央委員会は「年に二回以上」開催される（第二二条）。形式を重んじる共産党は、形式的には他の政党よりもはるかに民主政のルールに従って運営されている。

〈注〉

(1)　トロツキー。出典忘失。

(2)　日本のマルクス主義法学の創始者平野義太郎が一九三三年にこの言葉を書き留めていた。長谷川正安・藤田勇編『文献研究　マルクス主義法学〔戦前〕』日本評論社、一九七二年、六四頁。村岡到『連帯社会主義への政治理論』一三六頁、参照。

(3) 久野収・鶴見俊輔『現代日本の思想』岩波新書、五四頁。

(4) 宮本顕治『わが文学運動論』新日本出版社、一九八三年、二三五〜六頁、二五四頁。

(5) (3)七〇頁。

(6) カール・ポラニー『大転換』東洋経済新報社、一九七五年、四九頁。『貧者の一答』六九頁にも引用。

(7) 『日本共産党の七十年』上、新日本出版社、一九九四年、二七八頁。

(8) 新左翼運動に関しては、私はくりかえし取り上げてきた。『カオスとロゴス』第二号＝一九九五年六月では、「新左翼運動の存在意義と限界」を特集した。自身の体験については、「私のトロツキズム体験」を書いた（『連帯社会主義への政治理論』所収）。

(9) 以下、大会や中央委員会総会などからの引用は出典を省くが、「赤旗」などに報告されている。

### 党勢の現状を直視できなかった三中総

日本共産党は、一月二〇日に第三回中央委員会総会を一日だけ開いた。年末の総選挙を総括し、「本格的『自共対決』の時代」と打ち出し、今春の統一地方選挙では「地方議会第一党奪回」「『県議空白ゼロ』の達成」を、来年夏の参議院選挙では「八五〇万票」を獲得目標にした。

だが、党勢の現状についてはほとんど触れなかった。わずかに「二〇一二年総選挙比で『赤旗』日刊紙読者は九二・七％、日曜版九二・五％」と報告されたが、これでは七％も減っていることは分かるが、実数は分からない。党勢の現状がどうなっているのかが不明では、展望を切り開くことはできない。また、総選挙での「カクサン部」の活動について一言も触れないのも妙である。

# 第Ⅱ部　日本共産党の理論的内実

## 日本共産党の理論的衰退

日本共産党は、第Ⅰ部で明らかにしたように党勢が停滞している。そして同時に理論的にも衰退しつつある。

### 1　外形的側面からの比較

理論の内実については、次節以降で明らかにするが、その前に外形的側面からどのような変化が起きているのかを明らかにしよう。

共産党の党勢が現在よりも勢いがあった一九七〇年代、八〇年代を振り返ると、共産党の周辺では非常に活発な出版活動が展開されていた。どんな出版物が流通していたか、定期刊行物を列記してみよう。

☆『前衛』月刊
☆★『経済』月刊
☆『月刊学習』
☆『議会と自治体』月刊
・『赤旗・学習党活動版』月刊
・『赤旗・評論特集版』週刊
☆『点字赤旗』月刊
・「少年少女新聞」週刊
☆『赤旗・縮刷版』月刊
・『世界政治資料』月二回

・『理論政策』月刊
・『前衛臨時増刊政治経済総覧』年刊（一九八六年版は八六七頁）。
★『文化評論』月刊
★『労働運動』月刊
★『あすの農村』月刊
★『季刊思想と科学』
☆★『民主文学』月刊（刊行元は変更）
☆『女性のひろば』月刊
・「学生新聞」月刊
・『こんにちわ日本共産党です』（月二回）

これだけの雑誌などが定期的に刊行されていた（☆は現在も刊行、★は新日本出版社刊行）。

他にも、
・『日本共産党紹介』一九七六年
★『社会科学総合辞典』一九九二年（A４判に近く八一〇頁）が刊行された。
七〇年代には、共産党は、自らの主張を『科学的社会主義と自由・民主主義』『日本共産党と領土問題』『日本共産党のアメリカ帝国主義論』などとして新日本文庫（新日本出版社）を刊行した。

また、「教師聖職」論、「自治体労働者」（全体の奉仕者）論、「革新自治体」論などを主張し、社会党や新左翼党派との間で論争点となっていた。それらの理論の内実の正否についてはここでは触れないが、話題・論争の対極に立って論陣を張っていたことだけを想起しておきたい。パンフレットの類も時期に応じて活発に刊行されていた。

これらの刊行物は、理論的情報を党員や周辺の支持者・読者に提供し、あるいは理論家を育てるうえでも役立っていた。だが、現在は☆印だけは刊行されているが、その他は全てが刊行されていない（パンフレットは回数は少ないが現在も刊行。『日本共産党の政策・提言集』も刊行されている）。近年は左翼総体のなかで論争は消えうせたし、批判を招くような共産党の独自の主張は存在しない。この一事を直視しただけでも、共産党の出版活動＝理論活動の衰退は明白である。

私情を加えると、私は書庫などないので、これらの刊行物の一部をほこりにまみれて保存しているだけだが、改めて列記すると或る感懐にひたる。例えば、『前衛臨時増刊　政治経済総覧』（一九八六年版）の「Ⅰ　日本の政治　10反共組織・暴力集団」の「③反党対外盲従集団・ニセ『左翼』暴力集団」なる恐ろしい項目の中に、当時、私が指導していた「政治グループ稲妻（村岡一派）」も取り上げられ、「巧妙な反共主義の方向をとっています」と説明されていた。恐らく、ここで上げられた一〇の「ニセ『左翼』暴力集団」のなかではもっとも小さな組織だと思うが、取り上げるに足るものとして認知されていた。「巧妙な」と形容された上で「反共主義の方向」と否定されていた。

閑話休題。共産党は、党の歴史について強い関心と執着を保持している。だから、一〇年毎の節目の年などに『党史』を刊行している。それらを列記すると、ここでも近年の理論的後退がはっきりする。

日本共産党の創立　一九二二年七月一五日
『日本共産党の四十五年』　一九六七年七月一五日　一三九頁　B6判
『日本共産党の五十年』　一九七二年九月一日　二四二頁　四六判
『日本共産党の五十年』増補版　一九七八年三月二五日　三〇二頁　文庫本★
『日本共産党の六十年』　一九八二年一二月二五日　本文五〇二頁、年表二三五頁　A5判
『日本共産党の六十五年』上下　一九八八年三月二八日　本文六三六頁　年表三〇九頁　A5判
『日本共産党の七十年』全3冊　一九九四年五月五日　上下九二〇頁、年表三九七頁　A5判★
『日本共産党の八十年』　二〇〇三年一月二〇日　三二六頁　四六判
★印は新日本出版社刊行、それ以外は、党中央委員会出版局発行。

『日本共産党の五十年』増補版は、元版の六年後に、六年前の宮本顕治委員長の「党創立五十周年記念式典での講演」だけを付け加えて版元を替えて刊行された。

一瞥したように、分量も刊行時期もさまざまである。『日本共産党の四十五年』は、党創立四五年の当日に刊行されたし、『日本共産党の七十年』は大冊だったからか二年近く後に刊行された。年表が単独で一冊になる場合もまったく付かないこともある。もっとも分量が多いのは『日本共産党の七十年』だが、次の『日本共産党の八十年』はごく軽装版となった（五分の一？）。

これだけでも、共産党の盛衰が照らし出されている。一九八〇年代後半には、六五年目にも党史を刊行し、九四年には一三〇〇頁余の党史を刊行したのに、二〇〇三年には三〇〇頁余の軽装版に下がってしまった。そして、九〇年史は、すでに二年半近く刊行されず、その動向を気にする党員もいないようである。

## 2　「革命」とは何かが不明に

昨年の総選挙において、志位和夫委員長は外国特派員協会で記者と一問一答を行った。「日本共産党の躍進こそ、政治を変える力」という見出しで「赤旗」一面を使って紹介されている（一二月一〇日)。そこに以下のような問答がある。

「問い　日本共産党の綱領の中に入っている社会主義革命を変えることはまったくないのか。……」

志位　まず、綱領のなかには『社会主義革命』という言葉はないんです。私たちは、権力がある勢力からある勢力に移行することを革命と呼んでいます。当面している民主主義的変革は、これは文字通りの民主主義革命です。それに続く社会主義への道は、私たちは『社会主義的変革』という言葉を使っています。これは民主主義革命を成し遂げた勢力が、さらに国民の合意を得て、次のステップに進んでいくということがありうるからです」。

問いの省略部分では「天皇制の廃止」を問題にしていて、志位氏もそれに答えているが、ここでは天皇制問題については触れない（本書、次の論文、参照）。

まず、綱領には「『社会主義革命』という言葉はないんです」は誤りである。綱領の「四　民主主義革命と民主連合政府」の冒頭に「……社会主義革命ではなく」と書いてある。肯定的な意味ではと限定すればそう言えるから、志位氏の答は正しいように思える。だが、普通の語感からすれば、「変革」よりも「革命」のほうが大きな決定的変化を意味する。だが、このような常識を志位氏は備えていない。「民主主義的変革」よりも「社会主義的変革」のほうが小さな変化・出来事だと、彼は説明する。果たしてそうだろうか。

この常識的疑問に対しては、志位氏は答えている。「権力がある勢力からある勢力に移行することを革命と呼んでいます」〔A〕が、「社会主義的変革」の場合にはそうではない場合がある〔B〕からだというのだ。私は、この説明〔B〕には初めて出会ったが、納得できる説明だろうか。「そうで〔ある〕場合」には「社会主義革命」なのであろうが、妙な答である。問題は、〔A〕にある。〔A〕を前提として初めて〔B〕は意味をもつからである。

志位氏の答には完全に欠落しているものがある。〈生産関係の変革〉という内実である。理論書ではなく、記者との問答という性格を割り引くとしても、街頭演説ではない。質問は事前に提出されていたはずである。志位氏の言う「民主主義的変革」とは、綱領に書いてあるように「資本主義の枠内で可能な民主的改革である」。「社会主義的変革」というのだから、資本主義＝資本制経済の枠を変革することを意味するはずである。綱領では「社会主義的変革の中心は、主要な生産手段の所有・管理・運営を社会の手に移す生産手段の社会化である」と説明されている。どうして、「枠内」に止まる前者よりも枠を変える（外す）後者の変化のほうが小さいのか。〈生産関係の変革〉という視点を少しでも考慮すれば、前記のような答とはならないはずである。つまり、〈生産関係の変革〉にはまったく触れずに、「権力の移行」にだけ着目するからこのような珍答となったのである。

だが、志位氏の珍答には根拠がないわけではない。新日本出版社刊行の『社会科学総合辞典』（一九九二年）の「革命」でも冒頭に「革命の根本問題は国家権力の問題であり」と書いてある。これがマルクス主義の通説である。『広辞苑』（第三版）の「革命」にも、「従来の被支配階級が支配階級から国家権力をうばい、社会組織を急激に変革すること」と説明されている。『社会科学総合辞典』では後半に「より高度の新しい経済的社会構成体にかえることを社会革命という」という説明も加えられている。志位氏は、これらの前半だけを憶えているのであろう。

記者との問答だから、志位氏の「権力」は「国家権力」のことだと置き換えて理解してきたが、「ある勢力」についてはこだわる必要がある。類似の言葉に「支配勢力」「支配階層」「支配階級」があるが、『広辞苑』すら使っている「支配階級」はおろか、「支配勢力」すら避けて、「ある勢力」とぼかすのは、マルクス主義――共産党用語では「科学的社会主義」――の本来の立場からしたら正しいのか。志位氏が「支配階級」と言わなかったことは、実は近年の私の主張（後述）に通じるとも言えるが、さらにもう一歩、「移行」に誤りがあることにまで気づくことが必要で重要なのである。

もう一つ、「それ〔民主主義革命〕に続く社会主義への道」も気になる。「に続く」と答えているが、実は、志位氏の「上座」に立つ不破哲三氏は一一年前の綱領改定の際に、綱領からは「社会主義革命への転化の角度からの特徴づけをなくした」とか、「連続革命論的な誤解を残すような表現は、すべて取り除き」とまで強調している。この不破氏の説明に従えば、簡単に「に続く」とは言ってはいけないのである（この問題は第Ⅲ部で詳述）。

私は、「支配階級から国家権力を奪取する」とする「革命」理解は、今日では決定的な誤りだと考える。「法の前での平等」と「主権在民」を基本原則とする〈民主政〉を政治制度とする社会は、それ以前の「階級社会」とは異なり、経済的に優位な階層は存在するが、「支配階級」も「被支配階級」も存在しないがゆえに、その社会の変革は〈則法革命〉として実現すると、私は考える。何が根本的に変革されるのか。〈賃労働と資本の関係〉を基軸とする生産関係が変革されることが核心である。この表現のほうが、綱領に書かれている「生産手段の社会化」よりも正確である。『広辞苑』では「社会組織」、『社会科学総合辞典』では「経済的社会構成体」とされているが、その核心は経済関係にある。（〈則法革命〉については繰り返し主張しているので、私の著作を参照してほしい）。

## 3　〈脱経済成長〉の視点の欠落

共産党は、新しい事態や問題について取り組み論及することが苦手である。マルクス主義のオーソドックスな理解の水準で対処する。近年話題の「ベーシックインカム」[1]について黙して語らない。さらに重大な例が、一九七二年のローマクラブによる「人類の危機」レポートや翌年に刊行されて評判になったE・シューマッハーの『人間復興の経済』（原題：small is beautiful　佑学社、一九七六年）をさきがけとして四〇年前も前から、一つの潮流となっている〈脱経済成長〉の主張に対する反応である。共産党はこの主張に同調するわけでもなく、かと言って批判するわけでもない。明確な理論的理解が欠如している。漠然と「経済成長」は必要で良いことだと考えているようである。共産党の経済政策は、「経済成長」を是認したうえで立てられている。綱領の「五　社会主義・共産主義の社会をめざして」では、「物質的生産力の新たな飛躍的な発展」が展望されている。

この怠惰な現状維持思考（志向）は、昨年二月の都知事選挙でも現れた。[2]元首相の小泉純一郎氏とタッグを組んで、〈脱原発〉を旗印に都知事候補になった元首相の細川護熙氏は告示日の第一声で「いままでのような大量生産、大量消費の経済成長至上主義ではやっていけない」と語り、「心豊かな幸せを感じとれる……成熟社会へのパラダイムの転換を図っていくことが求められています」と明らかにし、「成長がすべてを解決するという傲慢な資本主義から幸せは生まれないということを、我々はもっと謙虚に学ぶべきだと思います」とまで発言した。ところが、宇都宮健児氏の擁立にこだわった共産党は、この論点については一言も触れることができなかった。

「脱成長」ではなく〈脱経済成長〉と五文字で表示したのは、私は市民活動や選挙への積極的関与をはじめ〈政治的成長〉こそ民主政の実現の基礎だと強く考えているからである。「脱成長」ではその点が抜ける。より正確・厳密に言えば、「脱経済成長至上主義」がよい。〈脱経済成長〉について、その内実として新しく〈消費の質〉という問題を提起したい。経済活動は、生産・分配・消費のサイクルをなしている。だから、生産の質と言っても悪くはないが、粗悪品や有害品の実害がどこで起きるかを考えればすぐに分かるように、消費の場面で消費者に災いが起きる場合が圧倒的である。そして、食害などはその原因が直結して分かる。もちろん、工場での排水汚染の場合には、公害工場の周辺住民にも被害は及ぶ。だが、そこには大きな違いがある。公害工場の周辺住民が受難するのは、化学物質に拠るもので、その工場での製品の形状や使用目的は問題にならない。だが、消費の場面では、例えば水銀などの化学物質によって実害が引き起こされるが、同時に製品の形状や使用目的に意識が向かう。美顔用の商品の場合なら、無理して若返りを求めることの是非を問うことになり、高級バイクなら高速を好む必要の有無が問題となる。

だから、「生産の質」よりも〈消費の質〉として問題を立てるほうが良い。普通の消費者が主役となって判断し、批判する通路が拡大する。若返りや高速嗜好などは別に言えば、〈生活の質〉である。どういう暮らしが良いのか、必要なのかが問われることになる。

と同時に、消費者運動の重要性に気づく。消費協同組合の活動と歴史については勉強していないので論及することはできないが、どちらかと言うと、マルクス主義陣営のなかでは、消費者運動や消費協同組合の活動は疎んじられてきた。そこにも左翼の大きな欠落と限界があったのである。

では、なぜこれまで〈消費の質〉として考えられることが少なかったのであろうか。そこにはマルクス主義理論の影響があったと、私は考える。マルクス主義では、分配や消費よりも生産にこそ重点を置いて思考し、理論化してきたからである。

私は、一九九六年に「社会主義経済計算論争の解説[3]」で次のように明らかにした。マルクスが、生産あるいは生産関係の分析に偏重して、分配を軽視したことは、『ゴータ綱領批判』の次の一句――「どんな場合にも、消費諸手段の分配は生産諸条件の分配そのものの結果にすぎない」――によって明らかである。フランク・カニンガムは大冊『民主主義理論と社会主義』でこの一句を引いたうえで、おだやかに「多分に誇張されたもの」と評している。カニンガムはさらにアグネス・ヘラーが「生産能力の配分方法」の問題について「マルクスは何も答えなかった」として「現代マルクス主義の中心問題」であると指摘していることを注記している。ロバート・C・タッカーは、「分配への志向が一九世紀の大部分の社会主義理論の特徴だとするならば、生産への志向こそがマルクスの社会主義の特徴だった」と区別している。

つまり、生産にのみ焦点を当てて経済を分析し、かつ「生産力主義」の誤りに陥ってきたマルクス主義の弱点が〈消費の質〉の問題に気づかせることを遅らせたのである。

私は、一九八〇年に「ソ連邦論の理論的前提と課題――マンデル／スウィージー論争の発展を」の末尾に「〈人間と自然〉のあり方」と項目を立て、「生産力が増大すれば万事解決するというわけではない。これまで、この点と関連させて問題とされてはいないようだが、マルクスは『ドイツ・イデオロギー』で周知のように、生産の四つの契機の一つに〈欲望〉をあげていた。となると、人間の『豊かさ』の充足は絶対にありえないことにはならないのか。生産の増大にともなって欲望もまた増大するからである。この点からも、核心的問題は生産の量ではなく、質であるという視点を、われわれは改めて理解しなければならない[4]」と書いた。

その後、この視点からの考察を系統的に深めてはこなかったが、〈脱経済成長〉の視点の内実として〈消費の質〉を明確にすることが大切だと気づいた。この節では、共産党に欠落している問題を取り上げたので、村岡の自説を繰り返すことになった。ともかく、共産党は「生産力主義」の誤りから脱却して、〈脱経済成長〉へと転身しなくてはならない。

## 4　原発政策の手直し

共産党の「生産力主義」の誤りは、原発をどう評価するかという重大な問題としても帰結した。共産党は今では「原発ゼロ」を高唱して活動しているが、原発に対する共産党の立場・見解は、けっして一貫したものではない。

歴史的な経緯を後回しして、昨年一月の第二六回党大会の「大会決議案」を丁寧に一読すれば分かる。[15]「原発とエネルギー」には、「二〇一二年九月、『即時原発ゼロ提言』を発表し」と書いてある。3・11東日本原発震災はいつ起きたのか。二〇一一年だから、「即時原発ゼロ提言」はその一年半後である。なぜ、3・11直後にこう提言できなかったのか。この引用の少し前に「福島原発事故の経験を踏まえ、日本共産党は、原発・エネルギー政策を発展させる……提起を行ってきた」と書いてある。「発展」と表現しているが、これは日本軍部が前線での敗退を「転戦」とごまかしたのに似ている。本当は、「変更」「改善」というのが正直で正しい。

原発に対して共産党はどういう態度を取っていたのか、少し歴史を振り返ってみよう。

一九五四年七月の「アカハタ」を取り出そう。前月にソ連邦が世界最初の原発運転を開始した直後に共産党はそれをどのように報道したのか。「ソ同盟原子力発電所操業を開始」「平和利用を実現人類史に新しいページ」「社会主義の勝利」と大見出しを付けて報道した（七月二日）。四日後には「ソ同盟科学技術の勝利」「無限の繁栄を約束」の大見出し。次の日は「原子力は人間に奉仕する」とモスクワ放送を記事にした（当時は、ソ連邦を「ソ同盟」と表現）。予想以上の絶賛である。

共産党は、その後、この認識を基礎に、反原発運動に消極的で、「原子力の平和利用」に力点を置いていた。だから、反原発を主張する運動を批判し、敵対してきた。積年の経過をたどることはしないが、例えば、一九八八年五月には「社会党は、原発推進と『原発絶対反対』との間を動揺。各地で混迷を深めているのが現状です。この原発絶対反対と関連をもった一部のニセ『左翼』や『原水禁』グループなどが策動しています」と「赤旗」で主張していた。これは、『原発推進政策を転換せよ』（一九八八年）というパンフレットに収録されている。

3・11に直面した共産党は、すぐには明確な立場をうちだすことはできず、不破哲三氏は、二〇一一年五月に、一九六一年の会議で原発反対の決議を上げたことがあることを古文書を探し出して強調し、「それ以来、この問題でのわが党の立場は一貫しているのです[5]」と説明し、「安全優先の原子力管理体制」が必要だと書き、パンフレットにして宣伝していた。折角、歴史を探るのなら、その七年前＝前記の一九五四年にもさかのぼる必要があるのではないか。無理にこじつければ自説に有利と思われることだけを拾い出すのは、歴史の偽造ではないか。

だが、七月三日、四日に第三回中央委員会総会（三中総）を開き、当面の活動方針を決定し「原発撤退」を「綱領的課題の一つとして位置づけ」て活動すると明確にした。そして、「即時原発ゼロ提言」を発表したのは、前記のように翌年二〇一二年九月である。「原発ゼロ」とは書いてない先の不破氏のパンフレットは役に立たなくなった。断るまでもないが、日本軍部は敗戦に突き落とされたが、共産党はその後は「善戦」しているのだから、変化の方向については支持しなくてはならない。ただ、「前から正しい主張」だったという偽造は止めたほうがよい。

このような事例を重ねているので、共産党に対して「無謬の党」神話に陥っているとする非難が加えられることがある。だが、この非難は裏返しの行き過ぎた批判にすぎない。過去の見解を自己批判することがないわけではないからである。

例えば、一九五六年に起きたハンガリー事件について、当時はソ連邦などの軍事介入を支持していたが、それを誤りだったと自己批判した。ただし三二年後！にである。しかも同時に、「過去の誤りをすすんで是正する誠実さ[6]」と強弁した。「わが党は正しい」という信仰の押し売り以外の何物でもない。だから、折角、自己批判しても、「無謬の党」神話が再生産されることになる。

## 5　ソ連邦は何だったのか？「社会主義生成期」論の破産

ソ連邦をいかなるものとして評価したらよいのか。この問いは、国際的には実は一九一七年にロシア革命が勝利し、二二年にソ連邦が発足して一〇年も経たない時期から大きな問題となっていた。一九二〇年代後半からソ連邦を「国家資本主義」とする主張がオットー・バウワーやカール・カウツキーらによって唱えられていた。

一九二九年に国外追放となったトロツキーは三八年に第四インターナショナルを創設するが、その二年前に『裏切られた革命』を著し、「堕落した労働者国家」説を打ち出した。この理論がトロツキズムの一つの基軸である。堕落はしているが、「労働者国家」と認めるという立場である。日本では、一九五六年の「スターリン批判」や同年のハンガリー事件の衝撃を受けて新左翼が誕生し、その一部では「ソ連邦＝官僚制国家資本主義」説も主張された。

共産党は、一九六八年のチェコスロバキア事件でソ連邦と東欧諸国による軍事介入を批判する声明を発表し、一九七七年の第一四回党大会で「社会主義生成期」論を打ち出した。この論は、ソ連邦を全体としては「社会主義」と認知したうえで、まだ「生成期」だから欠点も誤りもある＝仕方ないという弁護論である。上田耕一郎副委員長によれば、「目からウロコが落ちた思いがした[7]」画期的理論とまで自画自賛されていたが、後にお蔵入りとなってしまった（後述）。

一九九一年のソ連邦崩壊後はじめての九四年の第二〇回党大会で、不破委員長は「日本共産党綱領の一部改訂についての報告」でこの問題を取り上げた。不破氏は、「その〔レーニン時代〕人類史的な意義はその後のスターリンらの誤りの累積やソ連の崩壊によっても失われるものではない」〔A〕としながら、この確認とはかなり離れて、「スターリン以後のソ連社会は経済的土台も社会主義とは無縁」〔B〕と言い出した。そして、「それ〔社会主義〕への移行の過程にある過渡期の社会などでもありえないことは、まったく明白ではありませんか」と報告した。そして、〔A〕と〔B〕の中間に、「『生成期』論をめぐって」と小項目を立て、「今日から見れば明確さを欠いていたことを、ここではっきり指摘しなければなりません」と他人事のように切り捨てた。

この大会の決議では「ソ連の崩壊という事態」（☆）と評価を避けた表現で済まし、「わが党は、ソ連共産党の解散が声明されたときに、これを覇権主義の党の解体として歓迎」したとだけ説明した（その三年後の第二一回党大会の決議では、前大会のこの部分（☆）を引用して繰り返した）。

その一〇年後に、二〇〇四年の第二三回党大会で綱領を改定した時に、その報告で不破氏は「官僚的な専制主義と侵略的な覇権主義〔C〕を特徴としたソ連社会を社会主義の一つの型だと位置づける立場とは手を切らない限り」と説明した。そして、改定した綱領では「社会主義の道から離れ去った覇権主義と官僚主義の破産であった。……社会主義とは無縁な人間抑圧型の社会として、その解体を迎えた」と確認し、「ソ連覇権主義という歴史的な巨悪の崩壊」と断言した。

だが、〔C〕は政治体制と外交政策の特徴づけであって、経済（体制）の次元ではどういうものだったのかが欠落している。なぜか一〇年前に書いていた〔B〕の「経済的土台も」は省かれてしまった。〔A〕も忘失された。

また「無縁」というだけでは、何かを明らかにできたとは思えない。仮に、この「無縁」説が正しいとすると、それまで長い間、ソ連邦を「平和勢力」として分析してきた国際情勢認識は根底から誤っていたことになる。こんな「答」で満足していながら、「科学の目」なるものを不破氏が強調しているのは噴飯ものでしかない。そこには、マルクス主義が説く唯物史観（史的唯物論）の視点が欠落している。唯物史観によれば、「経済的構造」こそが社会の「土台」であり、それに規定されて「政治的上部構造がそびえ立って」いるのではなかったか。不破氏は土台の分析にはまったく触れないで、「政治的上部構造」だけを見て、レッテル貼りしているにすぎない。もう一つの根本的誤りは、ソ連邦の崩壊からいかなる教訓を学ぶかという姿勢が完全に欠如していることである。

この欠落と怠慢を補うかのように、不破氏は「スターリン秘史」なるものの執筆に余念がないが、別稿で検討するように、「大国主義」「覇権主義」などのレッテルが乱発されるだけで、本質的な概念規定が欠落したままである（本書、八八頁、参照）。

ついでながら、ソ連邦崩壊後ににわかに唱えられた「ソ連邦＝国家資本主義」説は、二〇年代からの論争には触れず、利潤の存在の有無も問わず、「闇経済」の存在にも目を塞ぐ、生産力主義の謬論にすぎない。

私は、一九七五年に村岡到の名前で初めて書いた長論文「〈ソ連邦＝堕落した労働者国家〉論序説[8]」でトロツキーに学んでいらい、「資本主義から社会主義への過渡期社会」と認識し、八〇年には「官僚制過渡期社会」とも表現したが、二〇一一年に「党主指令社会」と規定した[9]。

以上、四点を略述したように、共産党の理論的衰退はあまりにも明らかである。早急にそれらの欠落・限界を突破しなければならず、そのための理論的探究が急務である。

〈注〉

(1) 村岡到『ベーシックインカムで大転換』、同『ベーシックインカムの可能性』参照。
(2) 村岡到編『2014年 都知事選挙の教訓』参照。三〇頁。
(3) 村岡到『貧者の一答』に収録。二一一頁。
(4) 村岡到『スターリン主義批判の現段階』一八六頁。
(5) 不破哲三『「科学の目」で原発災害を考える』日本共産党中央委員会出版局、二〇一四年、三頁、三六頁。
(6) 『日本共産党の七十年』上、新日本出版社、一九九四年、二六五頁。
(7) 上田耕一郎『現代日本と社会主義への道』大月書店、一九八〇年、二五八頁。
(8) 『第四インターナショナル』第一八号＝一九七五年、第一九号＝一九七六年。
(9) 村岡到「『ソ連邦＝党主指令社会』論の意義」『探理夢到』第八号＝二〇一四年一一月、参照。

# 「天皇制」と日本共産党（序）

## 問題意識――なぜ今？

なぜ今、「天皇制」と日本共産党を問題にするのか。

第一の理由は、「天皇制」の重要性について、遅ればせながら認識したからである。直接には、菅孝行氏の講演と論文（「近代国家の宗教性と天皇制」『プランB』第四三号・二〇一四年一月）によって教えられた。

私はこれまでも「天皇制」には反対と明確に態度表明してきたし、憲法については、「第一章　天皇」を削除する憲法改正が必要だと主張している。二〇〇九年に刊行した『生存権所得』では〈活憲〉の立場を明確にして、「新憲法には第一条から第八条までの第一章については『第一章　天皇（第一条から第八条）は廃止する』とだけ書くのがよい。そうすれば、『第九条』を第九条として残せる。昔は天皇制だったことも認識できる」（一二二頁）と提案した。

しかし、「天皇制」について真正面から論じたことはなく、どちらかと言えば軽視してきた（だから、先の引用も正確には「象徴天皇制」とすべきだった）。その態度が誤りであると気づいた。そこで、まず日本社会における「天皇制」のきわめて重要な位置と役割について基礎的な認識を明らかにしなくてはならないと考えた。

第二の理由は、共産党の不破哲三氏が今年（二〇一四年）一月に『党綱領の力点』なる著作を著し、それを一読したからである。八三歳の不破氏は、長く共産党のトップの座にあり、一月の第二六回党大会においても常任幹部会委員に選出され、理論的問題提起を一手に引き受けている。私は共産党に対しても、不破氏に対しても一貫して批判を加えてきた。「天皇制」に限っても、一応の批判は明らかにしてきた。例えば、一九八〇年の最初の著作『スターリン主義批判の現段階』から二〇〇三年に著した『不破哲三との対話』を読んでほしい。

だが、前記のように「天皇制」問題を軽視していたので、その分だけその批判も不十分であった。改めて考えると、今度の不破著作は看過できない重要な弱点・誤謬を含んでいる。それでそれへの批判を明らかにしなくてはいけない、と気づいた。

## 1　象徴天皇制の重要性、簡単な歩み

まず言葉について断っておきたい。普通には戦前の「天皇制」と対比して、戦後は「象徴天皇制」と表現されている。だが、現行の憲法に「象徴天皇制」と書かれているわけではない（「象徴天皇制」に限らず、「民主主義」も「政党」も憲法にはない）。第2節で検討する共産党の場合には戦前につ

いては「絶対主義的天皇制」と確定しているが、戦後については「象徴天皇制」「天皇制度」「天皇の制度」と説明もなく乱発していて定まっていない。私は、戦前の「天皇制」と「象徴天皇制」とを両方を含むものとして「天皇制」と表現し、戦前の「天皇制」は天皇制と表記することにしたい。

次にどのような意味で、「天皇制」は重要なのかについて確認しよう。

菅氏は、論述の前提として「近代国民国家における〈支配〉には三つの次元が存在する。第一に生産関係、第二に権力による統治、第三が幻想の共同性による観念の馴致である。第三の次元には何らかの宗教性が関与する」と明らかにしている。この視座は、問題意識の相違ゆえに枠取りがずれるが、私が前から提起している、社会を「経済、政治、文化」の三つの次元、あるいは位相によって捉えるという考え方と重なる。私は、それを唯物史観に代わる〈複合史観〉と命名しているが、なお「視座」を提起する水準に止まっていて、とくに文化の内実を探る努力は決定的に不足している。近年、民俗学を少しかじり、日本文化の特質についても学んでいるが、まさに「天皇制」を真正面から認識することこそが、その内実を埋めることだと、菅氏に教えられた。

ところで、個人的なエピソードになるが、実は、私は菅氏を『週刊金曜日』誌上で批判したことがある。丁度二〇年前になるが、菅氏が「宮本顕治論――無謬神話の虚構」なる論文で共産党を「宮本王朝」として批判した（第三九号・八月二六日）。私は「主体性のない菅氏の文章」という短い投書を書き、同誌に掲載された（第四二号・九月一六日）。当時の私は（今もそうだが）「共産党への内在的批判」を強調していたので「宮本王朝」というレッテルは承服しがたいものであったし、「内ゲバ」を原則的に拒否する党派（第四インター）も内ゲバ派も共産党もみな同列に扱う認識に同意することはできなかったからである。それ以後（以前も）私は菅氏の文章を読んだことはないので、彼の「天皇制」論も知らずに過ごしてきた。

脇道にそれる私的なエピソードを記したのは、つい先日、守田志郎の『農業にとって技術とはなにか』を手にしたら、その解説で徳永光俊氏が大学院時代に守田の諸著作を下らないと唾棄していたが「二〇年後に」その意義を知って恥じたと書いていたからである。私の至らなさを下手に弁解しても意味はないが、守田は「開眼というものはしばしば遅きに失する」と喝破していた。

本筋に戻ろう。

一九四五年の敗戦に直面して、天皇と日本の支配層は、天皇制を象徴天皇制として存続させることを選択し、日本を事実上、単独占領したアメリカ政府にそれを認めさせることにした。この経過とその意味については、菅論文で克明に明らかにされているから、それを学ぶことを薦める。核心は、菅氏がジョン・ダワーの『敗北を抱きしめて』や豊下楢彦氏の『昭和天皇とマッカーサー会見』に依拠して結論しているように、「敗戦後の日本の占領政策のフレームワークを構築したのはマッカーサーと天皇裕仁であることはほぼ明白である」という点にある。菅氏は、「アメリカに対する戦後最大の『売国奴』は天皇裕仁だという逆説が成立する」と強調している。

戦後、すでに七〇年近く、象徴天皇制は日本社会に根づよく定着しつつある。その内実や大きな意味については、今後まなばなくてはならないが、ここではその歩みをごく簡略に菅論文も活用して年表として整理しよう。第2節で検討する共産党の動向の背景を知ることでもある。

## Ａ　象徴天皇制の重要年表

・一九四七年五月　憲法施行、第一条に天皇を象徴と明記。
・五九年四月　皇太子結婚。前年からフィーバー。「ミッチーブーム」
・六〇年六月　日米安保条約改定。
・六六年六月　国民祝日法改定、二月一一日を建国記念の日に制定、紀元節復活。
・七一年九月　天皇、皇后がヨーロッパ七カ国を訪問し、天皇外交の端緒を開く。
・七三年四月　天皇訪米計画がつぶれる。
・七四年一一月　フォード大統領が来日し、天皇と会見。
・七五年七月　皇太子夫妻が沖縄訪問。
・七五年九月　天皇、皇后が初訪米。
・七五年一一月　天皇が靖国神社に参拝（八回目、最後）。
・七六年一一月　在位五〇周年記念式典開催（武道館で。四〇年式典、三〇年式典は無し）。
・七七年七月、文部省が学習指導要領を改訂、君が代・日の丸の卒業式、入学式での斉唱・掲揚の指導が開始。
・七八年一〇月　Ａ級戦犯を靖国神社に合祀。

・七九年六月　元号法を公布、元号に法的根拠を付与。
・八二年一一月　中曽根康弘が首相に、「戦後政治の総決算」打ち出す。
・八四年九月　天皇・全斗煥会談（東京で）。天皇が「不幸な過去、誠に遺憾」と発言。
・八五年八月　中曽根首相の靖国神社公式参拝。
・八六年四月　天皇在位六〇周年記念式典が大々的に挙行（両国国技館）。
・八八年九月　裕仁の癌発症、吐血に伴う「自粛」を広範囲に強制。
・八八年一二月　本島等長崎市長が市議会で「天皇裕仁には戦争責任がある」と発言、右翼の猛攻撃。
・八九年一月　裕仁死去（八六歳）。国葬、即位式、大嘗祭。戒厳令的様相が継続。元号が平成に。
・九〇年六月　天皇の次男が結婚。秋篠宮家に。
・九三年四月　天皇、皇后が初沖縄訪問。
・九九年八月　日の丸、君が代を国旗、国歌とする法律が成立。
・二〇〇四年五月　皇太子が妻の病気に関して「雅子の人格を否定するような動きがあったことも事実です」と記者会見で話す。
・〇六年七月　裕仁天皇が死去前年に、靖国神社へのA級戦犯合祀について不快感を示す発言をしていたと記した宮内庁長官のメモが明らかに。
・一三年一〇月　美智子皇后が、明治憲法公布以前の「五日市憲法草案」を高く評価。

## B　天皇の「公務」

天皇には選挙権も被選挙権（立候補権）もないが、多くの仕事をこなしている。宮内庁のホームページに詳しく説明されているので、そのまま引用する（肌に合わない表現もあるが仕方ない）。はじめてそこにアクセスしたが、まさにビックリ仰天である。超多忙と言ってもよいだろう。

「公務」として、新年祝賀・一般参賀、天皇誕生日祝賀・一般参賀、親任式、認証官任命式、勲章親授式、信任状捧呈式、ご会見・ご引見など、拝謁・お茶・ご会釈など、午餐・晩餐、園遊会、宮中祭祀、がある。その説明を聞こう。

「天皇陛下は、内閣の助言と承認により、国民のために、憲法の定める国事に関する行為を行われます。その中には、国会の指名に基づいて内閣総理大臣を任命すること、内閣の指名に基づいて最高裁判所長官を任命すること、国務大臣その他の官吏の任免を認証すること、国会を召集すること、法律や条約を公布すること、栄典を授与すること、大使の信任状を認証すること、外国の大公使を接受することなどが含まれています。これらの事項についての閣議決定の書類は、毎回、閣議の後に陛下のお手元に届けられ、陛下は、これを丁寧にご覧になった上で、ご署名やご押印をなさいます。その数は、平成二四年〔二〇一二年〕中で約八〇〇件になりました。さらに、陛下は、これらの国事行為に関連して、国会開会式に毎回ご出席になるほか、宮殿で行われる儀式に臨まれます。これらの儀式には、内閣総理大臣及び最高裁判所長官の親任式、認証官任命式、外国特命全権大使の信任状捧呈式、勲章親授式などがあります。

宮殿及び御所においては、これらの儀式をはじめ、拝謁、ご会見、茶会、午餐、晩餐など、両陛下ご主催のさまざまな行事が、平成二四年〔二〇一二年〕中に約二三〇件行われました。これらの行事は、社会のさまざまな分野で地道な努力を続けている人々を励まし、顕著な功績を挙げた人々をおねぎらいになることを目的としたものが多く、その機会に、国会議員・閣僚・各省幹部・都道府県知事・裁判官をはじめ法秩序維持に携わる人々、小・中学校長などの教育者、医師・看護師ほか医療・社会福祉関係者、勲章・文化勲章受章者、学士院賞・芸術院賞受賞者など各界各層の多数の人々とお会いになっておられます。また、宮殿では、国際親善を目的として、国賓のための公式晩餐や、その他外国要人、在京外国大使などのためのご引見、午餐も行われます。平成二四年〔二〇一二年〕中に両陛下がお会いになった外国からの賓客は王族、大統領等元首、首相、議会議長など三〇人でした。外国からの大使の着任、離任の際には、その都度お会いになり、その数はこの一年で六一か国にのぼります」。

宮中祭祀としては、年頭の元始祭から年末大晦日の節折（よおり、天皇陛下のために行われるお祓いの行事）まで、主要祭儀も元旦の四方拝から大晦日の大祓まで五〇近くの行事が設定されている。これらの行事で天皇が出席できない場合には、その名代が出席する。（宮内庁のホームページとは別に宮内庁キッズページもある）。

なお、通常国会開会式での「天皇陛下のお言葉」なるものはわずか二〇〇字にも及ばない短い一言にすぎない。この点については、次節で触れるように、共産党は憲法違反として、開会式への出席を一貫して拒否している。

島薗進氏によれば、「大祭のうちのいくつかは内閣総理大臣、国務大臣、国会議員、最高裁判事、宮内庁職員らに案内状が出されており、これら国政の責任者や高級官僚らは出席すると天皇とともに拝礼を行う。明らかに国家的な行事として神道行事が行われているが、『内廷のこと』、すなわち天皇家の私事として処理され、国民には報道されない」（菅論文から重引）。

まさに、菅氏が言うように、「これでは、招待されたパワー・エリートはみな、天皇の臣民であると自覚するよう規律訓練を施されているようなものではないか」。

これらの行事で天皇が訪問する先では、多くの国民が歓迎に出かけ、感激・満足している。有名人や好みのスターに会うのと同じだという面もあるが、天皇の場合にはそれだけではなく、「日本でもっとも偉い人」に会えたという特別の感情を醸成することになる。皇室への親近感となり、そこで得た「一体感」が、他の日常の行為や政治的態度決定においても、ある種の「親和力」を醸し出す。その行事で何かの役割を果たした――司会や挨拶をしたとか、天皇に声を掛けられた人物が自身が偉くなったように感じたり、さらに共通の場に立ち会った参加者だけでなく、その場面をテレビで観た人までがそれらの人物の言動に一目置くようになる。子どもの場合なら、「日本にはとても偉い人が居て、頭を下げなくてはならない」という意識が刷り込まれる。難しく言えば「お上への尊崇の念」である。天皇に反発・批判している人にとっては、バカらしいことで済むだろうが、前記の中曽根首相は一九七三年に「わが天皇論」で、「天皇が二千数百年の歴史の中で維持されてきた」とまったく非科学的な主張を繰り返し、「漠々たる国民の精神的尊崇」によって「民族を一つのものに結晶さす力」とさえ述べていた（『天皇と政治』六三頁）。だから、この点の影響や効果をけっして軽視してはいけない。

注意しなくてはならないが、天皇は靖国神社への参拝は拒否している。年表にも記したように、一九七五年を最後に参拝していない。天皇の意向が働いているようである（昭和天皇没後に彼の発言が宮内庁長官によって露見した）。菅氏によれば、その理由は、昭和天皇が前記のように、アメリカ支配層に対して国体の護持と引き換えに「アメリカへの隷属」を「密約」したからである。皇室神道は許容するが、靖国の国家護持は許さないというのがアメリカの態度であった。だから、アメリカの逆鱗に触れる靖国国家護持法案は廃案となったが、神武建国を祝う紀元節を引き継いだ建国記念日は一九九六年に制定された。

これまでこの点についても注意を払うことはなかったが、靖国神社への参拝を拒否しているということは、そこに天皇の意志が働いていることを意味している。生物学の研究などなら、何をしようが自由であろうが、政治的な意味を帯びる行為について、天皇自身の意志が働くとはどういう意味があるのだろうか。深い考察が必要だろうと思うが、「天皇制」問題に取り組んだばかりの私には論及することができない。この点を取り上げた先行研究の有無も分からない。

## 2　共産党の「天皇制」認識の変化

周知のように、共産党はロシア革命の五年後一九二二年に創成された。初めから非合法の存在で、戦争に反対し、天皇制と鋭く対立し、二五年に制定された治安維持法などによってもっとも集中的な弾圧を受けた。共産党以外にも宗教者なども弾圧されたことを忘れてはならないが、共産党が集中的に弾圧された事実を過小評価してはならない。共産党以外も含むが、治安維持法による逮捕者は数十万人、逮捕による死亡は二〇〇人弱であった。

獄中生活一二年で敗戦によって釈放され、共産党のトップの指導者となった宮本顕治が最初に雑誌に執筆した論文のタイトルは「天皇制批判について」で、機関誌『前衛』の創刊号（一九四六年二月）に掲載された。この論文で宮本は冒頭から「ブルジョア地主的天皇制の打倒」（『宮本顕治著作集』第三巻、一七頁）を強調した。「絶対君主制は一八六八年、明治維新以後に成立したものである」とし、「天皇制打倒の任務は、わが党の戦略的任務であ」るとして、「率直かつ公然と掲げないならば、当面する変革の根本任務を、大衆に普及することはできない」と強調した。「天皇を戦争責任者」と明確にし、「天皇制打倒のスローガンは、一九二二年わが党の創立以来、掲げられてきたものであ」（同、三〇頁）る、と明らかにした。

なお、宮本論文では「敗戦」と二度書いてある。

共産党は敗戦後に合法的存在となり、四六年四月の戦後最初の衆議院選挙で五議席を獲得し、国会にも位置を占めた。そして、四七年の戦後第一回の国会での開会式への天皇出席にさいして、共産党は出席を拒否した。この態度は今日まで一貫している（ただし、最初の国会開会式には共産党の一部議員が出席した。『天皇と政治』四六頁）。

### Ａ　一九六一年綱領の認識

戦後の共産党の歩みは省略するが、五〇年分裂、五五年の「六全協」での統一の回復を経て、一九六一年に第八回党大会で綱領を確定した。この六一年綱領では、「天皇制」について次のように明らかにした。関連する部分を引用する。

「党は、……絶対主義的天皇制の軍事的警察的支配とたたかい」

第二次世界大戦によって「日本帝国主義は重大な打撃をうけ……」

「党は、戦後……天皇制の廃止……のためにたたかってきた」。

「現行憲法は、一面では平和的民主的諸条項をもっているが、他面では天皇の地位についての条項など……反動的なものをのこしている」（Ａ1）。

「現在、日本を支配しているのは、アメリカ帝国主義と、それに従属的に同盟している日本の独占資本である。わが国は……事実上の従属国となっている」。

「戦前の絶対主義的天皇制は、侵略戦争に敗北した結果、大きな打撃をうけた。しかし、アメリカ帝国主義は、日本の支配体制を再編するなかで、天皇の地位を法制的にはブルジョア君主制の一種とした」。

「現在、日本の当面する革命は、アメリカ帝国主義と日本の独占資本の支配――二つの敵に反対するあたらしい民主主義革命、人民の民主主義革命である」。

党は「憲法に保障された平和的民主的諸条項の完全実施を要求してたたかう〔A2〕。……自衛隊の解散を要求する」。〔この文脈では天皇には触れず〕。

「……民族民主統一戦線政府は革命の政府となり……君主制を廃止し」

「わが国の当面の革命はそれ自体社会主義的変革への移行の基礎をきりひらく任務をもつものであり……社会主義的変革に急速にひきつづき発展させなくてはならない。……連続的に社会主義革命に発展する必然性をもっている」。

「労働者階級の権力、すなわちプロレタリアート独裁の確立、生産手段の社会化、……社会主義的な計画経済」〔A3〕〔が必要である〕

これらの引用から明らかなように、共産党は、綱領では象徴天皇制とは書かず、天皇の戦争責任についてもまったく触れていない。また、「敗戦」とも「終戦」とも書いていない。だが、宮本などは「象徴天皇制」とも書くし、「天皇の戦争責任」を強調し、批判的な姿勢を堅持してきた。その主要な活動を確認しよう。

一九七三年一月に、共産党は、前年の衆議院選挙での躍進（一四議席から三八議席へ）を土台にして、国会開会式への天皇の出席と発言について、憲法第四条の明白な違反だと批判の声をあげ、その取りやめを要求した。五月には増原恵吉防衛庁長官が「内奏」の際の天皇の防衛問題での発言を記者会見で披露して大問題となり、辞任した。翌月の「衆議院内閣委員会に田中〔角栄〕首相が出席し、戦後の国会史上初めて天皇と国政の問題が正面から論議されることになりました」(『天皇と政治』八頁)。同日、参議院内閣委員会で通産大臣だった中曽根康弘氏が「日本はイランと同じ王政の国」と発言した。

共産党は、これらの危険な動向に対して積極的に機敏に対応した。国会でも取り上げ、「赤旗」などで矢継ぎ早に批判論文を発表した。それらは、パンフレット『天皇と政治』として大量に宣伝された。

このパンフレットに収録された論文で、上田耕一郎は「中曽根氏の〝天皇論〟に反論する」で、「……象徴天皇制となるうえで、わが党をはじめとする運動が重要な貢献となったことも、よく知られた事実である」(六七頁)と書き、「国民の総意に基づいた君主制の廃止を展望している」(六九頁)とも明らかにしていた。

次は一九八六年、この年は年表に記したように、天皇在位六〇周年記念式典が大々的に挙行された。四年前に登場した中曽根首相が「戦後政治の総決算」を高唱していた。共産党は、この危険な動向に対して機敏に反撃を加えた。

一月の衆議院本会議で、不破哲三委員長は、天皇在位六〇周年記念式典の中止を求めた。これに対して中曽根首相は、「天皇は元来平和主義者であられた」と事実にまったく反して答弁した。共産党は、「在位六〇年キャンペーン」に対して国会でも批判を展開し、「赤旗」などで何回も批判論文を掲載した。宮本議長は、中央委員会総会で「天皇は最大の戦争責任者」と断罪し、戦後は「象徴天皇制が残った」（八八頁）と発言した。これらは、「共産党ブックレット1」の『戦前・戦後の天皇制批判』として刊行され普及された。

続いて、二年後に天皇が吐血し、東大病院に入院し、テレビやマスコミが先頭に立って「自粛」が大幅に強制され、翌年に死没するが、共産党は積極的に「天皇美化」に対して批判を加えた。だが、前の二つの場合のように「天皇制」についてのパンフレットは発行していない（それ以後も無し）。

### B　二〇〇四年綱領の認識

共産党は、六一年綱領を数回部分的に改定してきたが、一九九一年末のソ連邦の崩壊から一三年後の二〇〇四年に大幅に改定した。改定を主導したのは不破委員長である。当初は「改定綱領」と言っていたが、いつの頃からか「新綱領」とも称されている。そこでは、「天皇制」について大幅に書き換えた。関連する記述を煩瑣ではあるが引用する。

「当時〔一九二二年〕の日本は、世界の主要な独占資本主義国の一つになってはいたが、国を統治する全権限を天皇が握る専制政治（絶対主義的天皇制）がしかれ」

「党は、日本国民を無権利状態においてきた天皇制の専制支配を倒し、主権在民、国民の自由と人権をかちとるためにたたかった」。

「一九四五年八月、日本帝国主義は敗北し、日本政府はポツダム宣言を受諾した」。

「第二次世界大戦後の日本では、いくつかの大きな変化が起こった。第一は、日本が、独立国としての地位を失い、アメリカへの事実上の従属国の立場になったことである。……

第二は、日本の政治制度における、天皇絶対の専制政治から、主権在民を原則とする民主政治への変化である。この変化を代表〔?〕したのは、一九四七年に施行された日本国憲法である。この憲法は、主権在民、戦争の放棄、国民の基本的人権、国権の最高機関としての国会の地位、地方自治など、民主政治の柱となる一連の民主的平和的な条項を定めた。形を変えて天皇制の存続を認めた天皇条項は、民主主義の徹底に逆行する弱点を残したものだったが、そこでも、天皇は『国政に関する権能を有しない』ことなどの制限条項が明記された」。

「わが国は、高度に発達した資本主義国でありながら、国土や軍事などの重要な部分をアメリカに握られた事実上の従属国となっている」。

「国内的には、大企業・財界が、アメリカの対日支配と結びついて、日本と国民を支配する中心勢力の地位を占めている」。

「日本独占資本主義と日本政府は、アメリカの目したの同盟者としての役割……」

「現在、日本社会が必要としている変革は、社会主義革命ではなく、異常な対米従属と大企業・財界の横暴な支配の打破——日本の真の独立の確保と政治・経済・社会の民主主義的な改革の実現を内容とする民主主義革命である」。

「現行憲法の前文をふくむ全条項をまもり、とくに平和的民主的諸条項の完全実施をめざす」〔B1〕。「11　天皇条項については、『国政に関する権能を有しない』などの制限規定の厳格な実施を重視し、天皇の政治利用をはじめ、憲法の条項と精神からの逸脱を是正する。

党は、一人の個人が世襲で『国民統合』の象徴となるという現制度は、民主主義および人間の平等の原則と両立するものではなく、国民主権の原則の首尾一貫した展開のためには、民主共和制の政治体制の実現をはかるべきだとの立場に立つ〔B2〕。天皇の制度は憲法上の制度であり、その存廃は、将来、情勢が熟したときに、国民の総意によって解決されるべきものである〔B3〕」。

この改定綱領でも、「敗戦」とも「終戦」とも書いていない。

六一年綱領と〇四年綱領とは前記の引用を対照すれば、「天皇制」についてどれほど大きくその認識を変更したかは歴然である。この改定を主導した不破氏自身が解説しているので、それを聞くことにしよう。

## C　不破哲三氏による「突破」の内実

不破氏は、二〇〇四年の二三回党大会の翌年、全国の幹部を集めて「党綱領幹部学習会」で講演した（参加者五〇〇人）。その中身が『党綱領の理論的突破点について』という、自身が冒頭で「ちょっと変わった言葉」と断っているタイトルの著作として刊行された。今年〔二〇一四年〕、本稿の初めに紹介した『党綱領の力点』を著し、九年も空いているのに「赤旗」では「姉妹編」と銘打たれて広告されている。後述のように、『突破点』と『力点』では異なる説明もあるが、先ずは『突破点』ではどのように説明しているのか。ここでは「天皇制」だけにしぼって検討する。

不破氏は『突破点』の「一、日本の現状分析と当面する革命」の「⑵民主主義革命のプログラム」に「天皇制の問題と民主主義革命」と項目を立てて、まず「特別の位置を占めた問題に、天皇制の問題がありました」（二三頁）と確認する。戦前の共産党の闘いを「歴史に輝く日本共産党の存在意義があったのです」と明らかにしたうえで、「戦後は、国の政治体制の原則が天皇主権から国民主権へ大きく転換したのです」と説明する。つづけて、「憲法上の天皇の政治的地位の問題に関連して」、二〇〇三年六月の第七回中央委員会総会での自分が行った説明を引用する。戦後の日本は「君主制の国には属しません」として、憲法第四条を引用する。そして、六一年綱領の「ブルジョア君主制の一種」という規定について「つめた分析とはなっていませんでした」と処理する。さらに「『君主制』という規定の誤りを明らかにすると同時に……それを解決する合理的な道筋を新しい立場から打ち出しました」と進める。

そして最後に、前記の〔B2〕を引用し、改行して「綱領は、この問題の解決の道筋と展望を明らかにしました」として、〔B3〕を引用する。そして「改定綱領では、この問題の解決を、社会変革の特定の段階や時期と結びつけることをやめ、『将来、情勢が熟したときに、国民の総意によって解決』する、という規定づけにとどめたのです」と、この項目を結んでいる。

次に「天皇問題と憲法改悪反対の闘争」と項目を立て、前記の〔B1〕を引いて、そこに「憲法の全条項をまもる」と書き込んだことに特別の注意を促している。

次に『力点』に移ろう。

まず、目次を『突破点』と比較すると気づくのは、「天皇制」問題の扱いが少なくなり、「二、革命論」の「(4)民主的改革の内容のいくつかの問題」の四つのひとつとして「憲法と天皇条項——日本は君主制の国家ではない」という項目があるだけである。わずかに四頁。このタイトルを見るだけでも的がさらにずれていることが分かる。今どき、「日本は君主制の国家」などと主張している例があるのだろうか。これでは古ぼけた案山子を相手にして遊んでいるようなものだ。

不破氏は、六一年綱領について、前記の〔A2〕を引いて、「つまり、憲法を支持できる部分と支持できない部分とに分けて、支持できる部分の完全実施を求めると言う規定になりました」と繰り返し、「戦後、日本の憲法をつくるときに、天皇の制度が形だけにしろ残すか残さないかが大問題になりました」という「歴史的な背景」を指摘して、この規定になった「事情」を説明する。

次に「君主制」について、イギリスの例をあげて、日本の戦後の「場合」には君主制とは言えないと主張する。そして、憲法第四条を引いて、「天皇の制度が君主制ではないことの決め手の一つとなっています」と説明する。「この制度の存否は、将来の国民の判断にゆだねる、という態度を明らかにした」と胸を張る。

最後に、改定綱領の〔B1〕を引いて、「憲法の全条項をまもるとはっきりいえるようになったのは、天皇条項の意味を明確にしたことの結果です」と、説明を締めくくっている。

不破氏の二冊の著作における「天皇制」についての説明について検討しよう。

不破氏は、「天皇の政治的地位」については問題にするが、戦後の「天皇制」を何と命名すべきかについては一言も触れていない。「象徴天皇制」という言葉も使わない。「君主制の国」ではないと言うだけである。『力点』では、まったく新しく「天皇の制度」という言葉を二度使っている。天皇制でも象徴天皇制でもない。通常は使わない言葉を発する場合には、通常の場合とはどう違うのかを説明しなくてはならないが、不破氏にはそういう常識は通用しない。別の論点では「廃棄」と「破棄」がどう違うのかの説明を書いているが、「天皇制」の場合には用語の違いを説明する内実がないのであろう。

一般に書いてあることの誤りを指摘することは割合に楽であるが、書いてないことを「欠落あり」とえぐりだすことは難しい。だから、うっかりすると気づかずに済ますことになりやすいが、不破氏の説明では「天皇の戦争責任」が見事に没却されている。確かに六一年綱領にも改定綱領にも、「天皇の戦争責任」とは一言も書かれていないが、すでに見たように、宮本は「天皇の戦争責任」を強調していた。

不破氏も四一年前には「天皇が侵略戦争や反動政治の推進に直接関与したことは、あらゆる公式文書にも明瞭だ」（『天皇と政治』五六頁）と記者会見で述べたこともあった。その時にも彼は「天皇が侵略戦争の推進に直接関与」とは言うが、「天皇の戦争責任」とは発言していない。

さらに、不破氏は、共産党が国会開会式での天皇の出席と発言について、憲法違反と糾弾して、党の国会議員が欠席している事実にもまったく触れない。四一年前に自身が国会で何と追及したのか忘失してしまったらしい。だから、最近では開会式欠席の事実報道すら「赤旗」ではごく小さな扱いで、目に入らない。

こうして、不破氏がひたすら強調するのは、「憲法の全条項をまもる」という一点である。そして「将来、情勢が熟したときに、国民の総意によって解決する」という点を意義深いものと強調する。だが、この一句にこそ、不破氏＝共産党の「天皇制」問題についての弱点が集中的に表現されている。

第一の問題は、なぜ「憲法の全条項をまもる」ことをことさらに重要視しなくてはならないのか、その説明がまったく欠如している。これだけでは、憲法に従順ですということにしかならない。しかも不思議なことに、これだけ「憲法の全条項をまもる」ことを強調しながら、「護憲」とは絶対に書かない。改定された綱領にもこの二文字は欠落している。「赤旗」紙上では時に散見するが、不破氏は絶対に使わない。まったく不整合ではないか（なお、安倍晋三首相による解釈改憲策動に対する反撃のなかで一挙に浮上した「立憲主義」の四文字は綱領にもないし、不破氏も使わない。この用語には「国民には憲法を護る義務はない」かのような主張が付随されているので、〈法拠統治〉のほうが適切である）。

第二の問題は、「象徴天皇制を廃棄する」と明言しないことである。ここでの問題は断るまでもなく、「象徴天皇制」にではなく、「廃棄する」のほうである。「象徴天皇制」がどうしても嫌なら、「現在の天皇の制度」でもよい。確かにこの一句の前には「国民主権の原則の首尾一貫した展開のためには、民主共和制の政治体制の実現をはかるべきだとの立場に立つ」と書かれている。だが、結びの一句は何回も引用しているように、「国民の総意によって解決されるべきものである」となっている。言葉のアヤを取り上げているのではない。改定綱領に書いてある次の文章と比べるとよい。「自衛隊については、海外派兵立法をやめ、軍縮の措置をとる。安保条約廃棄後のアジア情勢の新しい展開を踏まえつつ、国民の合意での憲法第九条の完全実施（自衛隊の解消）に向かっての前進をはかる」。

ここにも「国民の合意での」と限定はされているが、述語の結びは「向かっての前進をはかる」となっている。どうして、「天皇制」については、廃棄「に向かっての前進をはかる」と書かないのか。まるで、自分たちの立場は反対だが、ただそう言うだけで、そのために何か努力するわけではありません、と言っているようだ。つまり、象徴天皇制に対する及び腰の態度が露わになったのである。敗戦直後には、前に引用したように、宮本は「戦略的任務を率直かつ公然と掲げないならば、大衆に普及することはできない」と強調したが、この姿勢は放棄されたようである。

こうして、今や共産党は天皇の動向について「赤旗」で報道することはごく少なくなり、象徴天皇制に対する批判と闘いをきつく言えば放棄したに近い。そのことは、二〇〇三年に刊行された党史『日本共産党の八十年』にも表現されている。一九九四年に刊行された『日本共産党の七十年』では一九七三年のところに天皇には触れずに「国会開会式の民主的改革」（上四三二頁）と一言だけ書いてあり、八六年には「天皇・天皇制美化との闘争」と小項目が立てられ、八八年の天皇の重体に関連して「侵略戦争と国民弾圧の最大の責任者である天皇の美化に毅然として抗議し」（下三一七頁）たと記述し、さらに翌年の天皇の死去に際しては「全戸配布ビラなどで天皇美化キャンペーンを精力的に批判した」（同三二八頁）などと二頁も割いていたが、『八十年』にはそれらはすべて姿を消した。

もう一つ、社会の変革にかかわる根本的な姿勢に触れなくてはならない。先に、戦後の政治過程に触れたところで、「象徴天皇制となるうえで、わが党をはじめとする運動が重要な貢献となったことも、よく知られた事実である」と引用した。上田耕一郎の記述である。同じ過程について、不破氏は「憲法制定にあたって、わが党が健闘し、また国際的には極東委員会ががんばって、……『主権は国民に存する』という規定が、前文と第一条に明記されました」と書く。この二つの（兄弟の）記述を読んで、すぐにその大きな違いに気づくかどうか。文章を丁寧に読むかどうかの違いではなく、あえて言えば、社会の変革をいかに理解するかという問題が問われている。二つの記述の論点が象徴天皇制と主権在民と異なっているなどという点はどうでもよい。根本的な相違は、上田は「わが党をはじめとする運動」と書いているのに、不破氏は「わが党が」と強調する。彼の脳裏には、共産党以外は浮かばない。時として「統一戦線」などとも言うが、それは表面的な飾りにすぎない。

不破氏のこの独善的な姿勢は、彼の研究を一貫する習性となっている。前にも『不破哲三との対話』で指摘したが、彼のさまざまな研究には同じテーマでの先行する業績に関説することがきわめて少ない。マルクスやレーニンを対象にすると、まるで彼らと自分だけしか存在していないかのような「研究」となる。

なお、特徴的なのは「プロレタリアート独裁」を含む〔A3〕の放棄にまったく触れないことであるが、この問題は続稿で検討する。

話を不破氏の作風から、本筋に戻そう。

さらなる問題は、なぜ不破氏は本稿で明らかにしたように、「天皇制」を軽視するようになってしまったのか、にある。戦前に治安維持法によって拷問、獄中体験を重ねた宮本顕治と逮捕経験すらない不破氏との相違とも言えるがそれだけではない。

ここでも菅氏の共産党への批判から学ぶことができる。菅氏は、「共産党と共産党員の転向・翼賛問題からの逃避がある」と指摘して、「天皇制問題と対峙することは戦前の共産党の天皇問題への総括を不可避にさせ」るからであると明らかにする。菅氏は、ここで丸山真男の「戦争責任論の盲点」や吉本隆明・武井昭夫の『文学者の戦争責任』や吉本隆明の『芸術的抵抗と挫折』が提起した批判を想起している。私はこの分野にはまったく関心がなかったので、今後の課題としたい。ただ、「共産党としての天皇制問題の総括の不在は、国家権力および国民の戦争責任についての総括もないがしろにすることに繋がった」という、菅氏の批判は恐らく急所を突いている。

本稿は「天皇制」問題に取り掛かる出発点を定めるために急いで整理したものにすぎない。これまで軽視していたので、その責を埋めるためである。


（『探理夢到』創刊号＝二〇一四年四月）

# 第Ⅲ部　不破哲三氏との対話を求めて

## 不破哲三氏への質問
### ――社会の変革にとって必要な若干の根本問題

昨年〔二〇一四年〕一一月三日、東京・夢の島公園で四年ぶりに開催された「赤旗まつり」（三日間で一五万人参加）で、不破哲三氏が「『日本の戦争』を考える」と題した「科学の目」講座をおこない、会場では直前に刊行開始となった、同氏の『スターリン秘史』第一巻が大々的に宣伝・販売された。さらに不破氏は、年末の総選挙でも終盤に京都での街頭演説で聴衆を集めた。その不破氏への質問を五つ発したい。まず五つの質問を列記する。

①「敵の出方」論はどうなったのか？
②組織論をなぜ説かなくなったのか？
③「二段階連続革命」論の否定と社会主義との関係は？
④自衛隊をどうするかをなぜ説明しないのか？

## ⑤『スターリン秘史』の重大な欠落

### 1　不破氏を批判する意味と意義

周知のように不破氏は、日本共産党のトップの座を長く務めた。今年八五歳。現在も常任幹部会委員を続け、共産党の社会科学研究所の所長でもある。質問の中身を明らかにするまえに、この不破氏への質問の意味についてはっきりさせておきたい。

それには、不破氏が共産党においてどのような位置を占めているのかを明らかにしなくてはならない。結論から先に言えば、「院政」という古ぶるしい言葉があるが、不破氏は共産党の影の院政の主である。確かに、二〇〇六年の第二四回党大会で議長を退任し（当時七五歳）、議長は不在となった。そのために二〇〇〇年の第二二回党大会から委員長を務める志位和夫氏（それまでは書記局長）が党の公式のトップとなった。だが、この大会でも、さらに八年後の昨年一月の第二六回党大会でも、不破氏よりも年齢は下の数人の幹部会委員が現役を退いたが、その時に八三歳の不破氏は常任幹部会委員に残った（共産党のトップの役職名は、議長、委員長、書記局長と三つある）。なお、第二四回党大会で副委員長を退任した、不破氏の実兄上田耕一郎は同時に中央委員も退任した（当時七八歳。二〇〇八年に八一歳で死没）。

不破氏の前に共産党を指導したトップは言うまでもなく、戦前からの指導者であった宮本顕治である。宮本は、一九九七年の第二一回党大会で議長を退任し、名誉議長となり現役を退いた。八八歳の時にである。引導を渡したのは不破氏だと言われている。宮本は、その前の九四年の第二〇回党大会でも欠席していたが、議長に選出されていて、「老害」が党の内外でささやかれていた（宮本は二〇〇七年に九八歳で没した）。

九年前の不破氏の議長勇退を報じる記事では「不破氏は『若い指導部が全面的に責任を持つ体制にしたほうがいい』と退任を申し出ていた」とされている（「朝日新聞」二〇〇六年一月一五日）が、それなら、この大会で現役を引退すべきだった。だが、前記のように、現在なお不破氏は常任幹部会委員である。

議長勇退時の二人の年齢も体調も異なるとはいえ、不破氏が議長を退任しながらも今もなお常任幹部会委員の座を占めているのは異常とすら言える。二二人いる常任幹部会委員のなかには二歳下の浜野忠夫氏（副委員長）も入っているが、異例の扱いである（七〇歳代は二人）。宮本の場合の「老害」を踏襲することになっているのではないか。

不破氏は、議長退任後に社会科学研究所の所長を二〇〇六年から務めるようになり、「古典教室」などの形で党内向けの講義を年に何回か開き、理論活動の成果はこの肩書で「赤旗」紙上で発表されることが多い。そして、共産党直属と言ってもよい新日本出版社から著作として刊行される。近年は共産党の理論活動のほとんどは不破氏が一手販売している。そのことは、新日本出版社の刊行図書を一瞥しただけで明らかである。不破氏以外の党員著者の著作は何冊あるのだろうか。半世紀前なら、実兄の上田耕一郎をはじめ数人の党員理論家が相次いで理論書を刊行していたが、今や見る影もない。志位和夫氏がたまに著作を出すが、国会論戦の記録の類で理論書に分類されることはない。ウィキペディアではわざわざ著作の事項に「演説内容を本にまとめたものが多い」と書かれている。あるいは、党の幹部だった人の著作が新日本出版社からでもおかしくないのに、別の周辺の出版社から刊行される例がたまにある。

先年、と言ってももう一二年も前に、私は『不破哲三との対話——日本共産党はどこへ行く?』と題する、不破氏の三〇〇〇頁をこえる大作『レーニンと「資本論」』への批判を主要内容の一つとする小著を社会評論社から刊行した。本稿はその続編でもある。この小著の後は、私の問題関心が主に社会主義論の探究に向かったので、不破氏を系統的に追跡してウォッチすることはなく、多作の不破氏の理論活動を十分にフォローしているわけではない。ついでながら、この本のタイトルは、「不破哲三との対話を求め」と発案したのだが、それではインパクトが弱いという出版社の意向で「を求め」を削った。「対話など成立していないではないか」という反発もあったし、残念ながら今日にいたるもまともな対話は成立していないが、一九七八年に「日本共産党との対話」を提起していらい、対話を求める、私の姿勢は不動である。

不破氏の著作は、ウィキペディアによれば一四〇冊以上とのことで、驚異的である。或る個人が多作であることは、頭脳活動の高さゆえに賞賛されこそすれ非難されるべきことではない。だが、彼が政党の指導者で、かつその政党の理論的業績がその彼以外にはほとんどないということになると、話は違ってくる。それではいわば理論的独占が生じていることになる。そうなると、この理論的独占者がカバーする範囲と志向（嗜好）にその党の理論活動が限定される。反論も批判も封殺されてしまう。いくら優秀でも、個人の能力には限界があるから、他者からの発言なしには、理論の発展を十分に保証することはできなくなる。

事実、不破氏の理論的成果に対する批判はおろか論評や意見すらほとんど党内外から聞こえてこない。不破氏は次つぎに著作を産出するが、「赤旗」での書評もまれである。論議にはならない。三分の一世紀前一九七八年には、組織論をテーマに「田口（富久治）・不破論争」と言われる批判の応酬が存在していた（後述）が、それ以降、その種のやり取りは皆無である。また、一九八三年に党内外で、「社会主義生成期」論をめぐる論議が小規模とはいえ展開された（後で触れるように、不破氏はなぜか当事者にはならなかった）。だが、この論争以後、共産党周辺での理論的論議は、この論争に参加した社会主義経済学者の長砂実氏が最近になって或る集会で嘆いているようにパタッと消えてしまった。私が一貫して指摘しているように、共産党の理論活動は著しく枯渇してしまったのである。

こうして、共産党周辺では、理論活動は不破氏の独壇場である。その不破氏を批判対象に設定するということは、共産党の理論（活動）全体を批判することにほぼ等しい。単に一人の理論家を相手にしているというのではない。総選挙で躍進した共産党の今後の活動に深く結びついている。冒頭にあげた五つの質問は、不破理論の問題点というよりは、日本の政治における重要な問題という視点とレベルから発したものである。

また、前記の『不破哲三との対話』の帯にも大書され、いつも私が繰り返す「社会主義へ討論の文化を」(ゴルバチョフ)を実践することでもある。何度も批判しても「糠に釘」なのは誠に残念ではあるが、愚直に繰り返すほかない。後に触れるように、かすかにではあれ、確かな反応もまた感得できるからである。

## 2 五つの質問

批判に移ろう。冒頭にあげた五つの論点について説明しよう。

### A 「敵の出方」論はどうなったのか?

今では「敵の出方」論と聞いても、すぐにピンとくる人はほとんどいなくなったのかもしれないが、社会を変革する〈革命〉を意識する人間にとっては、そこには決して無視することができない重要な問題がはらまれている。「そんな人はもう存在しないよ」という冷笑を招きそうであるが、「社会を変革する」という意識は根絶やしになってはいない。この意識を〈革命〉と関連づけて認識するレベルまで進めるかどうかというところで、問題になるのが「敵の出方」論にかかわる論点である。

その前に、〈革命〉とは何かを確定しておかないといけない。一般の人にとっては、マルクス主義周辺で使われる「革命」よりも「ＩＴ革命」などの言葉のほうが馴染みがあるだろうが、その場合には、大きな変化、決定的な変化を意味している。『広辞苑』（第三版）では、「従来の被支配階級が支配階級から国家権力をうばい、社会組織を急激に変革すること」と説明されている。この説明はマルクス主義の通説どおりである。新日本出版社刊行の『社会科学総合辞典』（一九九二年）の「革命」でも冒頭に「革命の根本問題は国家権力の問題であり」と書いてある（「より高度の新しい経済的社会構成体にかえることを社会革命という」とも説明されている。この部分は正しい）。

私は、「支配階級から国家権力を奪取する」とする「革命」理解は、今日では決定的な誤りだと考えている。私は、「法の前での平等」と「主権在民」を基本原則とする〈民主政〉を政治制度とする社会は、それ以前の「階級社会」とは異なり、「支配階級」も「被支配階級」も存在しないがゆえに、その社会の変革は〈則法革命〉として実現すると考える。何が根本的に変革されるのか。〈賃労働と資本の関係〉を基軸とする生産関係が変革されることが核心である。『広辞苑』では「社会組織」、『社会科学総合辞典』では「経済的社会構成体」とされているが、その核心は経済関係にある（この論点はすでに繰り返し主張しているので、私のいくつかの著作を参照してほしい）。

では、「敵の出方」論とは何か。『社会科学総合辞典』には「革命の移行形態」という項目があり、「革命は、一つの社会体制から新しい社会体制への移行であるが、その移行がどのような形態でおこなわれるかをしめす概念」と書きはじめられている（ここでの「革命」の定義は前記の『社会科学総合辞典』の説明と異なっている）。次に、「武力革命を革命の唯一の形態として絶対化したり、平和的な移行を保証された必然の形態とみなすなどの立場は、誤った非科学的な見地である」と説明される。直続して、「主権在民の政治体制が確立している国では、人民の多数を結集し、民主的、平和的手段によって政権をにぎることをめざすのは、科学的社会主義の当然の立場であるが、反動的な支配勢力が、人民の多数の意志にしたがわず、武力クーデターなどに訴える場合には、これをおさえる実力行動が必要となる」と書いてある。さらにマルクスが当時＝一九世紀のイギリスについて考えていたことを要約し、そこにカッコして「（いわゆる『敵の出方』論）」と書き、マルクスの文章を引用している。

この説明では「支配階級」ではなく、「支配勢力」とされているが、前記の「革命」理解とは決定的に異なる。「階級」こそがキー概念のはずである。また「実力行動」の中身も不明である。説明の全体が守勢的でもあるが、ともかくこれで、「敵の出方」論の意味は理解できる。革命の形態についての一つの説明である。『社会科学総合辞典』で説明されているからというだけではなく、「革命」を考えれば、誰でもその形態がどうなるかを重要視する。だからきわめて重要な論点なのである。

さて、ようやく不破氏に問うところまで進んだ。不破氏は現在、「敵の出方」論をどのように評価しているのか。正しく、したがって今日でも再説しなくてはならない、と考えているのか？

不破氏は昨年六月一〇日に党本部で開かれた「理論活動教室」で「革命論はマルクスの理論の要」として講義した。そのなかで、半世紀も前の一九六七年に最重要とされていた「赤旗」評論員論文「極左日和見者の中傷と挑発」に言及して、この論文の製作過程でマルクスの重要な論文を自分が「探し出した」と自慢している。だが、不破氏は、この評論員論文で何が強調されていたのかについては黙して語らない。今ではどこに収録されているかもすぐには分からず、ほとんどの党員が読んでもいないし、憶えてもいないだろうが、「独習指定文献」が存在していた時期（二〇〇四年に廃止された）にはそこに入っていた。この論文の強調点は、まさに「敵の出方」論だった。不破氏は、一九七〇年に著した『人民的議会主義』で章を立ててこの論文を解説していた。記憶力抜群の不破氏がこのことを忘れるはずはないが、なぜ不破氏は「敵の出方」論に言及しないのか？

その理由は明白である。「敵の出方」論では、前記の引用からもすぐ分かるように、あるいはこの言葉だけからも簡単に推論できるように、「敵の出方」によっては、先の引用にあった「実力行動」――分かりやすく言えば、暴力や武装もその可能性が許容されることになるからである。不破氏がマルクスの片言を頼りに最も強調したいことは、「多数者革命」あるいは「議会による平和革命」だから、「敵の出方」論は忘れたいのである。「赤旗」ではこの数十年、「敵の出方」論にお目にかかったことはない。不破氏の近年の著作にもないであろう。

だが、実は多筆の不破氏は、二〇〇〇年に著した『レーニンと「資本論」』で「マルクスの『敵の出方』論」と小見出しを立ててこう書いていた。

「いま私たちが党の綱領でとっている『敵の出方』論――議会の多数をえて革命をすすめるが、相手が多数に従わないで、反乱をおこしたりした場合には、これを打ち破って、合法的な秩序をまもるたたかいをする――とほぼ同じことを、マルクス、エンゲルスは主張していたわけです」（第五巻、四二一頁）。

ここには、「相手」とはあるが、「支配階級」も「支配勢力」も出てこないし、「実力行動」とも書かれていないが、不破氏は「敵の出方」論を正しいものとして部下を相手に気安くしゃべっている。「ほぼ同じ」と付け加えたのは正確さを担保する配慮が働いたためか。

この一五年前の記述も忘失されたほうがよい、誤った説明だったのだろうか。

さらに、「敵の出方」論と密接に関連して、もう一つ忘失されている言葉が存在する。「人民的議会主義」である。すでに触れたように、「評論員論文『極左日和見者の中傷と挑発』の学習のために」というサブタイトルの論文を含む、不破氏の著作の書名にもされていたが、これまたこの数十年間、「赤旗」ではけっして登場しない言葉である。

捨てられて久しい廃語について詮索するのは無駄な作業であることが多いから、これ以上は論及しないが、問題の根本に何が潜んでいるのかについてだけは明らかにする必要がある。

問題の根本に伏在しているのは、マルクスやマルクス主義、あるいはレーニン主義の国家論（＝階級国家論）の正否であり、その是非が問われている。マルクス主義における政治学の欠如が切開されなくてはならない。問題をこの根本にまで迫って究明できないがゆえに、中途半端な論述・説明に終始してしまうのである。

## B　組織論をなぜ説かなくなったのか？

近年、不破氏は組織論を説かなくなった。

組織論とは、革命の実現を前提にして、そのためには革命をめざす組織（革命党あるいは前衛党）が必要であるという理解に立って、その組織をいかにして創り上げるかをめぐる理論である。したがって「前衛党組織論」と称することもある。この理解の対極には、革命はめざすがそのための組織を目的意識的に創り上げる必要はないという考え方がある。アナーキズムはそう考える。組織の重要性を強調する立場からすれば、組織を軽視する潮流や個人は嫌われる。

「前衛党組織論」として、歴史的にもっとも影響力をふるったのは、レーニンの組織論である。一九一七年のロシア革命の勝利を主導したボリシェビキ党をレーニンが創り上げたからである。ツアー支配下のロシアで非合法活動を強いられながら活動したロシアの革命家や活動家は、レーニンの『何をなすべきか』に導かれてボリシェビキ党に結集した。一九六〇年代の日本でも、左翼の活動家は『何をなすべきか』を指針としてよく読書した。共産党も新左翼党派もこの点では共通していた（新左翼の一部にはレーニンよりもドイツのローザ・ルクセンブルクを好む流れもあった）。活動家のなかでは、レーニンと言えば、『国家と革命』と『帝国主義論』と『何をなすべきか』の三冊が必読の文献であった。哲学に傾倒している場合にはレーニン死後に編纂された『哲学ノート』も読んだ。

このレーニンの組織論の基軸をなすのが「民主主義的中央集権制」論、略して「民主集中制」論である。

この項の初めに、「近年、不破氏は」と限定した。前節で触れたように、一九七八年には、組織論をテーマに「田口（富久治）・不破論争」が展開され、不破氏は、このレーニンの「民主集中制」論を精力的に論じていたからである。

この「民主集中制」論の主要論点の一つは、党内における少数意見者をどのように党内に包摂するか、にある。「党員は、党の決定に従う」というのが、「民主集中制」論の根幹をなしているが、問題によっては、というよりも多くの問題では党員の意見は多様であり、全党員の意見が一致することは稀であり、党組織のそれぞれのレベル（機関）で多数決によって行動方針は決定される。その際、多数意見とは異なる少数意見者はどうするのか、が問題となる。少数意見者が党内で分派を形成して活動することは許されるのかが、論争点となる。一九二一年のロシア共産党の第一〇回党大会での「分派禁止」決定をどのように理解するかが、論争点となってきたが、それ以前は分派闘争はボリシェビキの常態だった。分派闘争と党派闘争とは同じではないが、類縁している。レーニンは「党派闘争こそが党に力と生命をあたえる」と『何を為すべきか』の扉に書いていた（『レーニン全集』第五巻、三六三頁）。

まさに、この難儀な問題について、名古屋大学教授で党員でもあった田口富久治氏が少数意見者の権理拡大の方向で問題提起し、それに対して不破氏が逆に「分派禁止」を貫くよりハードな立場から党中央の権限の強化を強調した。ごく簡単に言うと、これが「田口・不破論争」の争点であった。不破氏以外にも榊利夫氏が『民主集中制論』を著した（新日本出版社、一九八〇年）。この論争については、私は一九七九年一月に、当時所属していた第四インターの機関紙「世界革命」に「田口・不破論争の限界は何か」を書いて批判した（『スターリン主義批判の現段階』に収録）ので、参照してほしい。その内容に深入りすることは避けるが、ここではこの時には、不破氏はレーニンの「民主集中制」論を繰り返し強調していたことを想起するだけでよい。

ところが、不破氏は前記の『レーニンと「資本論」』では三〇〇〇頁以上を費やしながら、組織論には触らない。レーニンと言えば、『国家と革命』『帝国主義論』『何をなすべきか』の三冊が必読の文献だと注意しておいたが、なぜ、不破氏は『何をなすべきか』を取り上げないのか、組織論に論及しないのか？　誠に不思議である。それから一五年間、不破氏は組織論を語らない。私の批判が止めを刺した恰好である。例外的に、二〇一一年に刊行した『不破哲三時代の証言』で、この著作の元である「読売新聞」連載時には話していないのに付け加えて、「民主集中制」についてわずかに六行だけ簡単に説明したことがある（二〇八頁）が、論じたとは誰も思わない。

その理由は何か。筆を折ったわけではないご本人が説明するのがベストだが、その説明もないから、推測するほかないが、「民主集中制」論はツアーのロシアでレーニン時代においてこそ有効な組織論であって、時代が隔絶している今日では有効性を失っているからである。時代隔絶の激しさは、「自白は証拠の女王である」とすら広く言われていたツアー支配下の専制体制と、今日の原理的には民主政とを対比するだけでよい。非合法だった共産党は、今や合法政党になっている。通信手段の発達も見逃せない。電報が主要手段の一つであった時代と、ラインでやり取りし、超小型の盗聴器が市販されている現在とを対比してもよい。だから、現在では日本共産党の中央委員会総会はリアルタイムで、党の地方事務所で視聴することができる。レーニンが知ったら、卒倒するだろう。

この時代の激変のなかで、近年は、「民主集中制」論もほとんど説かれることはない。確かに「日本共産党規約」(二〇〇〇年改定)の第三条には「党は……民主集中制を組織の原則とする」とは明記されている(それまでは「前文」に「民主主義的中央集権制」とフルネームが書かれていた)。しかし、「赤旗」を一年間読んでもこの五文字に出会うことはない。志位氏は「循環型」などという意義未確定な言葉をときどき発するが、理論あるいは論文として説かれたことは一度もない。「循環」と「中央集権」とは真逆であることは中学生でも理解できる。不破氏が語らないのだから、部下たちが独自に何かをしゃべることはない。だから、俎上に載せて批判することもできない。

他人を批判するだけでは、理論営為の半分も果たすことはできない。謬論に代わる正解を求めることこそが肝心である。本項でもごく簡単に、組織論についての私の考え方を略記しておきたい。

私は、一九八四年に「『一国一共産党』の誤り」を発表して、その結論部分で「複数前衛党」と書いた。この論文は、直前に共産党が発表した、「分派禁止」を強調した無署名論文「科学的社会主義の原則と一国一前衛党――『併党』論を批判する」を批判することを目的としていた。

その二年後に、私は「複数前衛党と多数尊重制」を明らかにした(『前衛党組織論の模索』に収録)。その要点は、①社会主義革命を実現するためには前衛党が不可欠である、②その前衛党は複数存在することが許される、③少数意見者は、原則として「多数意見」が何かを明らかにした上で、自説を主張し実行することができる、の三点にある。

すでに確認したが、私は〈組織〉の存在と役割をきわめて重要だと一貫して考えている。人間は、社会のなかに生みおとされ、社会のなかでだけ生きてゆくことができる。したがって、他の人間との関係を不可欠に結んで生きるほかない。そのことを別な視点から見れば、〈組織〉のなかで生きると捉えることができる。人間は何を為すにしても組織し、あるいは組織のなかでしか自分の願いを実現することはできないのである。ある種の芸術活動では個人によってこそ実現できる領域や活動内容もあるが、それは例外である。組織を嫌って、「個人の自由」を優先的に望むのは、自分勝手にすぎない。それでは、圧倒的に多くの人びとの協力を必要とする革命を実現することは絶対にできない。

人間関係の円滑な実現のためには、〈友愛〉がきわめて大切であるが、同時に〈ルール〉も不可欠である。だから、「社会あるところ法あり」という格言が法学の基礎をなしている。

したがって、革命のための前衛党だけではなく、企業においても任意の市民活動においてもそこでの「組織論」はきわめて大切で重要な要点・課題となっている。それらから学ぶことも多いのであろうが、非才な私にはその余裕はないので知識のある人たちからの助言にも期待したい。

## C　「二段階連続革命」論の否定と社会主義との関係は?

その社会が当面する革命の基本的性格、あるいは目的をいかなるものとして設定するのか。これはもっとも重要な問題である。

何事でもそうであるが、相手が何者なのかがはっきりしなくては、「変革」を叫んでも何をどう変革するのか分からない。日本の左翼のなかでは、日本の資本主義をどのようなものとして捉えるのかが長く論争点となってきた。分かりやすく言えば、一九六〇年代には日本を「帝国主義国」と見るのか、「対米従属」を重視して「従属国」と見るのかが争点となっていた。後者が共産党の主張で、前者が新左翼の主張であった。一足飛びに「社会主義革命」を叫ぶだけなら視野に入らないが、その手前で「民主主義革命」を設定することになると、それと「社会主義革命」との関連を意識せざるを得なくなる。そこから生起する問題である。

一九五〇年の党分裂を五五年の六全協によって基本的に収束させ、今日にいたる党建設の出発点となった一九六一年の第八回党大会で決定されたのが、いわゆる「六一年綱領」である。「六一年綱領」では、(三)の初めに「現在、日本の当面する革命は、アメリカ帝国主義と日本の独占資本の支配――二つの敵に反対するあたらしい民主主義革命、人民の民主主義革命である」と明記された。続けて改行して「労働者階級の歴史的使命である社会主義への道は……確実にきりひらくことができる」と書いてある。さらに(四)の終わりには「わが国の当面の革命はそれ自体社会主義的変革への移行の基礎をきりひらく任務をもつものであり、……独立と民主主義の任務を中心とする革命から連続的に社会主義革命に発展する必然性をもっている」と書いてある。宮本顕治は、「二段階連続革命」と造語していた(この理論が、「二つの敵」論とも「二段階革命」論とも自他ともに称されていた）。どうしてこういう表現になったかというと、この綱領を確定する過程で、共産党内には「日本帝国主義」の復活と「社会主義革命」を主張する反対派が存在していたから、彼らの主張にも配慮する必要があったからである。

ところが、不破議長が主導した二〇〇四年の第二三回党大会での綱領改定によって、六一年綱領のこの核心は完全に改変させられた（それ以前の四回の綱領改定についてはここでは省略する）。この大会の前年に開かれた七中総での綱領改定についての討論のなかで、不破氏は、「民主主義革命と社会主義革命との関連について」の質問に答えて、「社会主義革命への転化の角度からの特徴づけをなくした」と説明し、「連続革命論的な誤解を残すような表現は、すべて取り除き」とまで強調した。第二三回党大会での不破氏の説明では「民主主義革命が達成すべき任務〔は〕資本主義の枠内での民主的改革である」（『突破点』三〇頁）。ここでは見事に社会主義革命への連続性は排除・否定されてしまった。不破氏は、宮本の「二段階連続革命」と完全に手を切ったと言える。社会主義は全く彼岸化された。

これだけであれば、事の当否は別として話は分かりやすい。だが、ここまで完全に社会主義を彼岸化してしまうと、改定した綱領にも残されている「社会主義」との関連はどうなるのかという新しい問題が生じる。その関連を問題にする手前でもう一つの問題が起きてしまった。

実はこの綱領の改定では、「社会主義・共産主義」なる造語が登場した。「急行・特急」では急行なのか、特急なのか不明なように、何のことか意味不明である。

綱領改定から一〇年後の昨年一月、造語発案者からこんな説明が飛び出した。「日本・ベトナム理論交流」で日本側団長として報告した不破氏は、その最終項目を「未来社会をどう呼ぶか」と立てて説明した。

「……私たちは共産党ですから、共産主義という名前を捨てるわけにはいきません。また、科学的社会主義を指導理論にしている党ですから、社会主義という名称を捨てるわけにはいきません。……わが党の党員がどちらを使っても綱領に違反していると言えないように両方の名前をつけたのです」（「赤旗」二〇一四年一月一〇日）。

呆れるほかない。まったく転倒している。本来は、共産主義が正しいと考えるから共産党と称するはずであり、「社会主義」は日本共産党の誕生以前から存在しているのであって、共産党の都合でその使用・不使用が左右されるのではない。自分たちが一度付けた名前だから「捨てられない」とは⁉

しかもこの発言に続けて「私たちも、ものをいうときに、いちいち両方は言いません。舌をかみますから」と言い、笑いを誘っている（わざわざ（笑）と表示してある）。ベトナムの団長が適当に相槌を打ち、この漫談がこの「報告」の締めである。事実、不破氏は何年か前に中国で講演した時には、「舌をかか」まないように新造語は避けた。

あえて付言すると、この不破報告（下）の冒頭には「社会主義社会・共産主義社会というわが党の目標」と書いてある。見出しには「社会主義・共産主義社会の目標」と大きく書いてある。校正資格テストの受験者なら、すぐにその違いに気づく。私は、アレレと思いながら読み始めたら、結びが前記の漫才なので、首尾一貫していると納得した。理論的正確さはすでに放棄されているのだ。

折角だから、昨年一月の第二六回党大会決議も見ておこう。その(29)項は、書き出しに「社会主義日本」と書いてある。「社会主義への道」「日本での社会主義の道」とも書いてあり、最後から二つ目の段落にも「社会主義日本」と書いてある。だが、この言葉は綱領には書かれていない。重箱の隅を突くなと注意されそうであるが、昨年末の総選挙の時に、志位氏は、「社会主義革命はどうなりますか」という質問者に、「綱領には社会主義革命とは書いてない。社会主義的変革とある」と言葉にこだわって〝注意〟した（この返答の誤りについては、本書、二二五頁、参照）。

党大会決議(20)項では「日本共産党は、社会主義・共産主義の日本を展望する党だが」と書いてあり、(29)項でも綱領からの引用として「社会主義・共産主義の日本」が使われ、最後の段落でも「社会主義・共産主義の道」が出てくる。昔、共産党は「社会主義生成期」なる「理論」を一九七七年に発明し、推奨していたが、九四年に廃棄・死語になった（本書、三三五頁）。このように、論拠のない造語は止めたほうがよい。舌を噛む不安もなくなるだろう。

だが、話はまだ続く。二〇〇四年の新綱領についての講義のなかで、次のような説明が現れた。「『福祉国家』論というのは、もともとブルジョア経済学のなかから生まれた言葉で、……要するに、資本主義社会のなかで、一定の社会福祉的な政策をかち取ることを社会運動の最終目的にしてしまうことで、そこでは、資本主義を乗り越えて前進することなど、問題にならない」。この説明では、「資本主義を乗り越えて前進する」（『党綱領の力点』七六頁）と言うのだから、「連続革命論的な」理解につながるはずである。一体だれが何時こんな講義を行ったのか。

一昨年三月に、誰あろう、綱領改定時には前記のように強調して「連続」性を否定していた当の不破氏なのだ。これでは、真面目に彼に従っている人なら誰でも一体どうなっているのだと疑問を沸かすだろう。この講義を本にした『党綱領の力点』には、「連続革命論的な誤解」についての説明は一切ない。「誤解」したほうが良いのかもしれない（ここでの「福祉国家」論批判にも問題があるが、本書では論及しない。党内には「福祉国家」論を説く人も存在する）。

以上に明らかにしたように、不破氏は、あるいは共産党は、「民主主義革命と社会主義革命との関連について」、これほどまでに混迷している。是非とも分かりやすい説明を求めたい。

### D　自衛隊をどうするかをなぜ説明しないのか？

「日本を変革する」とテーマを設定すれば、その大きな一つに〈自衛隊をどうするか〉が浮かび上がる。この重要な問題について答えを用意していないなら、日本に住む市民から信頼されるはずはない。だが、多筆多産な不破氏は、この大問題に答えようとはしない。

私は四年前に「自衛隊の改組にむけた提案」を発表した（『親鸞・ウェーバー・社会主義』第Ⅳ部に収録）。そこで、不破氏への批判も明らかにしたので、その要点を再録する（新たに書き加えることはほとんどないので、引用記号は付けない）。

二〇一一年の3・11東日本原発震災の直後に不破氏は、『不破哲三時代の証言』を刊行した。前年一一月に「読売新聞」に二九回連載された記事に大幅に加筆（「三倍から四倍」iii頁）したもので、不破氏の歩みだけではなく、戦後の共産党の歴史も通観できる好著である。連載の第二六回（一二月七日）は、「知恵要した『天皇制容認』」とタイトルされ、冒頭で聞き手が「共産党は二〇〇〇年代に入り、党規約と綱領を改定し、天皇制や自衛隊の『当面の存続』を容認した」とリードした。

不思議なことに、不破氏は自衛隊問題については何も答えなかった。天皇制についてだけ「知恵を要した」と語った。そして、不破氏は、著作では聞き手の問いはすべて外し、この項目についでは、見出しを「党規約・綱領の改定——レーニンの問題点と取り組む」と変更した。

なぜ、このような小細工が必要になったのか。恐らく、連載のままで本にしたら、「自衛隊の『当面の存続』を容認した」件について、問われたのに答えなかったことがあからさまになると心配したのであろう。ともかく、この変更によって、前記の引用部分も消えてしまい、自衛隊については全く触れないことになった。自衛隊は、「時代の証言」には取りあげるに値いしない小さな事項なのであろうか。

ちょうど同じ時期に突発した3・11の東日本原発震災についての「赤旗」の報道も不破氏と同じ傾向を表した。この未曾有の災害に対して自衛隊は一〇万人もが災害救助活動に投入された。「さすがサムライ日本だ、素晴らしい」と感動する記事がマスコミでは少なくなかった。そこまで賞賛することはないが、彼らの献身的な活動に感謝するのは当然である。しかし、「赤旗」にはその自衛隊についての記事が全く現れない。評価も批判も何もない。現に国民注視のもとに大規模に活動している「あるもの」について、まるでそんなものは存在していないかの扱いである。

かつて一九九〇年には、不破氏は記者会見して「日米軍事同盟からぬけだし、世界とアジアの平和に貢献する日本を――日米安保条約三〇年を総括して」（E三頁）と語ったこともあったが、そこでもいろいろな要求は掲げているが、自衛隊をどうするのかについては明言していなかった。九八年には、「野党政権」論にからめて「日米安保条約の凍結」と発言したこともあった（この時に、私は「日本共産党の『安保凍結』論への疑問」を『週刊金曜日』の「論争」に発表した（一九九八年一〇月三〇日）。『不破哲三との対話』に収録）。

なぜ、自衛隊についてこれほどあいまいな態度に終始しているのであろうか。

綱領を検討するのが一番よいだろう。共産党は、日本に存在するどの政治党派よりも「綱領」を最重要視しているからである。

不破氏が主導して二〇〇四年に大幅に改定した綱領では、「二、現在の日本社会の特質」で「日本の自衛隊は、事実上アメリカ軍の掌握と指揮のもとにおかれており、アメリカの世界戦略の一翼を担わされている」（A）と確認したうえで、「四、民主主義革命と民主連合政府」で「民主的改革の主要な内容」の三番目に「自衛隊については、海外派兵立法をやめ、軍縮の措置をとる。安保条約廃棄後のアジア情勢の新しい展開を踏まえつつ、国民の合意での憲法第九条の完全実施（自衛隊解消）に向かっての前進をはかる」とされている。

四四年前の一九六一年の綱領では〔A〕と確認したうえ（文言は少し異なる）で、「行動綱領の基本」の第五段落のなかで「自衛隊の解散を要求する」と書かれていた。

綱領のなかでの自衛隊についての記述がこれほど短く簡単であることにまず驚く。

実は、この大改定の四年前二〇〇〇年の第二二回党大会で、自衛隊問題が大きく取りあげられ、「自衛隊問題の段階的解消」という方針を決定した。そこでは、「常備軍のない民主日本が創出されます」と強調され、日米安保条約廃棄以前の「過渡的な時期に、急迫不正の主権侵害、大規模災害など、必要に迫られた場合には、存在している自衛隊を国民の安全のために活用する」ともされた。この決定的な変更を主導した（と思われる）上田耕一郎副委員長（当時）は、すぐ後に『戦争・憲法と常備軍』を著わし、「世界史上初めての常備軍をもたない近代民主国家を誕生させる事業とな」（一七頁）ると高く意義づけ、同時に「『自衛隊活用』論」（三頁）を積極的に解説・強調した。この「自衛隊活用」論については、党の内外から批判が生じ、そのために四年後の綱領改定では、前記のような「トゲ」のない穏やかな表現となったのであろう。以前には「自衛隊の解散を要求する」としていたのに、今度は「自衛隊解消」となったのは、その間に前記のように第二二回党大会で「自衛隊問題の段階的解消」としていたからであろう（「自衛隊の段階的解消」ではなく、「自衛隊問題の段階的解消」というのも妙ではあるが）。「急迫不正の主権侵害」と「大規模災害」とが何の説明もなく並列されているのも疑問である。

なお、上田の著作集が一昨年刊行されたが、テーマ別の編集とされ、各巻を紹介する見出しからは「常備軍（の廃止）」を連想することはできず、『戦争・憲法と常備軍』からは一つの論文も収録されていない。

では自衛隊をどうしたらよいのか。

確かに時代は大きく変容している。一九九九年には周辺事態法など新ガイドライン関連三法が成立し、今や約二七万人の自衛隊の軍事力は、世界のトップクラスとなった（国際的な比較は軍事費、装備の種類、兵士の練度など複雑で順位は付けがたい）、防衛庁は二〇〇六年末に防衛省に昇格し、自衛隊の海外派兵も二〇〇三年末のイラクへの派兵（二〇〇九年二月まで）を出発点に歯止めを失った。年間の予算は約五兆円となっている。さらに、軍事の中身についても、決定的に変容している。二〇〇一年の「9・11」以降、サイバーテロが浮上し、アメリカのエシュロンは全世界の電話を盗聴できる。銃砲や戦車ではなく、通信機器の活用が「国防」の主要な領域となっている。アメリカの国防総省は、「サイバー空間」を「陸海空宇宙」に次ぐ「第五の戦場」と位置付けた新戦略を発表した（「朝日新聞」二〇一一年八月二〇日、社説）。

ここでも私たちの提案を結論だけ提示する。

①隊員への平和教育の徹底。　④国連指揮下の平和隊を創設。
②軍縮・海外派兵の禁止。　⑤在日米軍への「思いやり予算」全廃。
③災害救助隊への改組。　⑥沖縄米軍基地半減。普天間基地撤去。

小林直樹氏による「自衛隊＝違憲合法」論や「非暴力抵抗の諸形態と方法」の探究、上田耕一郎による「常備軍廃止」論などについては、「自衛隊の改組にむけた提案」で論じたので参照してほしい。

今ではまったく忘れ去られている注目すべき発言を上田の著作から一つだけ重引する。

「われわれは、新憲法を制定して、われらの安全を諸国民の公正と信義に託し、戦争放棄を厳粛に宣言したのであります。かくて絶対平和主義と中立堅持は八千万民族の決意であって……」（F一一二頁）。

これは、敗戦後に新憲法を制定する過程で、一九四九年の国会での中曽根康弘氏の発言である。一九八〇年代に長期政権を担い、改憲（＝壊憲）と核武装まで主張した中曽根氏すらこのように発言していた。敗戦直後には日本の非武装化と中立化は、文字どおり国民的合意となっていたのである。

自衛隊をどうするのか、別言すれば「国防問題」とも言えるが、この視点と密接に関連して、もう一つ大きな難題が存在する。「領土問題」である。「北方領土」「竹島（独島）」「尖閣諸島（釣魚島）」の三つが、ロシア、韓国、中国との間で積年の対立点となり、緊張も高まり、自衛隊増強や集団的自衛権行使へのアクセルとされている。この難題について、結論だけ提示する。

「領土問題」について、共産党は「平和外交による解決」と主張するだけである。軍事的対決を否定・批判している点ではプラス評価してもよいが、「固有の領土」論の水準では、「領土問題」の打開策とはなりえない。相手の三国も「自国の領土」だと主張しているからである。

私たちは、三つのいずれについても、〈共同管理〉の方向こそが打開策だと一九九一年から提起している。昨年一〇月には、「シンポジウム　領土問題の打開策を探る」を開き、岩下明裕、岡田充、若宮啓文の各氏によってこの方向を具体的に明確にした。

そして、難問解決のためには「東アジア共同体」をめざす〈友愛外交〉が必要である。

## Ｅ　『スターリン秘史』の重大な欠落

不破氏は、二〇一二年二月から「スターリン秘史」なる二年に及ぶという連載論文を機関誌『前衛』に書きはじめた。昨年一一月に全六巻の第一巻が刊行された。今どき、スターリン主義に関心を寄せる者が党内にそれほど存在するとは思えないが、なぜこれほど熱をあげるのだろうか。深層心理は掴みようがないが、恐らく一九五〇年代にスターリン主義問題で、新左翼に先を越されたことが深いトラウマになっているに違いない。「我こそが、スターリン問題の解明者だ」と言いたいのだろう。

新著『スターリン秘史』第一巻は、『ディミトロフ日記』を軸にして、スターリンの悪行を暴き、一九三〇年代のコミンテルンの歴史を明らかにしている。

周知のように、一九三〇年代にドイツでヒトラー政権が台頭する時期に、コミンテルンは「社民主要打撃」論を主軸とする「社会ファシズム」論を主張・実践した。不破氏は、コミンテルン第七回大会での「反ファッショ統一戦線」論への転換を主導したのがスターリンであること、かつ、そのスターリンがこの大会でも転換に関わる発言を避けたこと、そしてそうしたのは、後にもう一度この戦術から転換する時の用意であった、と明らかにした。

また不破氏は、いわゆる「大テロル」について、背筋が凍る実態を克明にしながら首謀者がスターリンであり、その狙いが「世代の絶滅」であったと明らかにしている。不破氏は、「大テロル」と「反ファッショ統一戦線」論への転換とを関連させて明らかにした。

これらの記述は学ぶに値いするが、やはり致命的欠陥が残されている。「社会ファシズム」論をその時に、徹底して全面的に批判したトロツキーに触らないことである。新左翼の活動家で多少勉強する人なら必ず読んだ、トロツキーの『次は何か』（一九三二年執筆。トロツキー選集第7巻、一九六二年）を読んでいないはずはない（と思いたい）が、触れようとはしない。一九二三年夏の「ドイツの一〇月」に関連して、「トロツキーも主役ではないが、これ〔レーニンの注意に反する戦術〕に熱中した一人でした」と注に書いている（一〇五頁）が、「主役ではない」事柄についてではなく、主役だった「社会ファシズム」論批判のほうにこそ触れるべきである。

ところで、かつて不破氏は、トロツキーについて次のように罵倒していた。コミンテルン第七回大会に触れて、「なお、つけくわえておく必要があるのは、当時〔一九三〇年代〕のこうした『左翼』的見解の代表者のひとりが、『革命的』空文句のかげにかくれて国際共産主義運動にたいする破壊的な陰謀に狂奔していたトロツキーだったことです」と付け加え、「トロツキズムと今日の極左日和見主義者の思想的親近性をしめす一つの例です」と書いていた（一九七〇年『人民的議会主義』二九三頁)。この根本的に誤った評価が、どれだけ多くの左翼の活動家に亀裂を拡大し、深い傷跡を残したかについて、不破氏は反省することなく、忘却して済まそうとしている。

不破氏は「スターリンとブハーリンの関係」(一一〇頁)という注は書くが、「スターリンとトロツキーの関係」については書かない。多くの人は、後者についてこそ知りたいはずである。

前に、不破氏は他の研究者からは学ばないことを作風にしていると指摘したが、本書では珍しく栗原浩英氏の研究に触発されたと明らかにされている。だが、ロシア革命の研究に少しでも興味がある者なら、誰でも知っている和田春樹氏や塩川伸明氏の名前は出てこない。それぞれ参照・吸収すべき労作を著している。彼らが訳した文献は散見されるが、その場合にも訳者の氏名は伏されている。『フルシチョフ秘密報告「スターリン批判」』が引用されているが、訳者・志水速雄の氏名も出てこない。

なお、不破氏が参照している文献の版元がほとんど新日本出版社ではないことは何を意味しているのか? 戦前の関連書は別として、不破氏のスターリン研究に役立つ著作は同社からは刊行されなかったということだ。共産党は、「スターリン批判」に関心がなかったからである。

これらのセクト主義的視野狭窄とともに、致命的と言ってよい欠陥が残されている。スターリンのこれらの犯罪的誤りによって、日本の運動がどういう影響を受けたのかに触れないことである。日本共産党の運動とどういう関係にあったのかという実践的関心が欠如している。不破氏は、「大テロル」の犠牲者になった日本人のことを記述するだけである。実は、前記の「社会ファシズム」

論は、日本の運動にも甚大な影響を与えた。そして、そのことは、日本共産党自身が記述・確認していたのである。一九七二年に刊行された『日本共産党の五十年』では次のように書かれていた。

戦前の党について、「この時期の党の活動の重要な弱点の一つは、共産党が、戦争に反対し、民主主義をもとめるすべての進歩的勢力を結集する統一戦線政策をもたなかったところにあった。この点で、統一戦線政策に反するセクト主義の最大の根源となったのは、当時、スターリンの指導のもとに、国際共産主義運動で支配的となっていた『社会ファシズム』論であった」（六四頁）。

同じ反省を、宮本顕治は、戦前の運動について「社会民主主義の潮流の中にも、一部ではあったが、戦争に抵抗する翼の分化があったことも事実である。こうした全体をみようとしなかった弱点」があったと書いている（『わが文学運動論』二四頁）。この反省を不破氏は捨てている。『日本共産党の六十年』以降の党史では、このくだりは削除されてしまった。

なお、本書では「大国主義」「覇権主義」の他にも「大国主義的排外主義」「スターリン専決の専制的な独裁体制」「個人専制の体制」「スターリン体制」「スターリン専制の体制」が大安売りのように乱発されている。だが、不思議なことに、この著作の宣伝文句となっている「スターリン覇権主義」とは一回も書いてない。本書冒頭の「『スターリン秘史』の執筆にあたって」は一四頁だが、「スターリンの覇権主義」が七回、「ソ連覇権主義」が五回も出てくる。勿論と言うのも変だが、「スターリン主義」はなお禁句である。レッテルの乱発は、概念の本質規定が欠如していることの現れである。

公平のためにも指摘しておくと、不破氏は一九二一年以前は「分派の結成は、党内論争上の党員の権利として公認されていた」と書いている（一九四頁）。

このように、『スターリン秘史』第一巻には重大で致命的欠陥が残されている。不破氏の再考を促したい。

以上、本稿では五つの質問を発した。最後の「『スターリン秘史』の重大な欠落」は別として、前の四つの問題は、不破氏の理論に対する質問というだけではなく、サブタイトルにした「社会の変革にとって必要な若干の根本問題」でもある。だから、不破氏に限らず、日本社会の変革に関心をいだく人たちにも考えてほしい問題である。

最後に、或る言葉に関連する出来事を紹介して、本稿を結ぶことにする。

「協議した計画に従って」という一句である。これは、マルクスが『資本論』で未来社会について書いた部分にフランス語版で書き加えた修正である。

私は、一九九七年にこの一句にヒントを得て、「『計画経済』の設定は誤り」（『協議型社会主義の模索』所収）で、従来の「計画経済」に代えて〈協議経済〉（＝協議した計画経済）と創語した。

マルクス自身は「計画経済」とは一度も書いたことがない。レーニンさえ使っていない。

不破氏は二〇〇三年に「『ゴータ綱領批判』の読み方」と題する講義を行ったが、そこでこの

「協議した計画に従って」という一句を「フランス語版での挿入」と付け加えて引用した（『前衛』一〇月号）。なぜ、『ゴータ綱領批判』がテーマなのに、突然に『資本論』フランス語版が飛び出したのか？　しかも、この一句についての説明は一言もない（この問題については、『不破哲三との対話』第Ⅲ部、参照）。

不破氏が私の論文を読んだのかどうかは確かめようがないが、読書量の少ない私は、この一句の引用に出会ったことはない。林直道の『フランス語版資本論の研究』（大月書店）にも出てこない。不破氏が、私が着目した一句に言及したことにも何かの意味があるに違いないと、私は考える。

## 参照文献


A　不破哲三『レーニンと「資本論」』全七巻、新日本出版社、一九九八〜二〇〇〇年。

B　不破哲三『党綱領の理論的突破点』日本共産党中央委員会出版局、二〇〇五年。

C　不破哲三『党綱領の力点』日本共産党中央委員会出版局、二〇一四年。

D　不破哲三『不破哲三時代の証言』中央公論新社、二〇一一年。

E　日本共産党『日米安保その30年』日本共産党中央委員会出版局、一九九〇年。

F　上田耕一郎『戦争・憲法と常備軍』大月書店、二〇〇一年。

G　不破哲三『スターリン秘史』第1巻、新日本出版社、二〇一四年。

H　『日本共産党の五十年』日本共産党中央委員会出版局、一九七二年。

I　宮本顕治『わが文学運動論』新日本出版社、一九八三年。（『探理夢到』第一〇号＝二〇一五年一月）

# 不破哲三氏の錯乱と迷妄

## 1　マルクスを「完全に誤解した」レーニン

昨年六月一〇日に党本部で開かれた「理論活動教室」で不破哲三氏は、彼が強調する「多数者革命論」に関連して驚くべき暴論を開陳した。「赤旗」紙面にはタテに「革命論はマルクスの理論の要」、横に「マルクスをマルクス自身の歴史の中で読む」と大きな見出しが付いている。（「赤旗」二〇一四年六月一二日）。その後段に驚くべき暴論が書かれているので、そこだけを取り上げる。

不破氏は、マルクスが晩年には彼の言葉でいう「多数者革命論」に到達したとして、一八七八年にマルクスが書いた文書を論文名は上げずに取り上げ、「……革命の平和的な道の可能性があることをマルクスが明言したことは非常に重要な意味を持つ」と強調し、マルクスが「民主共和制論」を説いたと解説し、この説明の後で、「しかし、国際的にはこの民主的共和制論がゆがめられた時期があると指摘。レーニンが『国家と革命』で共和制を含むブルジョア国家の粉砕を革命の基本に打ち出し、長く指導理論とされました。ところが、これは古い国家を改造して利用するというマルクス本来の立場を完全に誤解したものでした」と明らかにした。

この「赤旗」の記事は執筆者が誰かは明示されていないが、当然にも講師である不破氏の点検は受けているはずだから、不破氏が書いたものと理解しても曲解にはならないだろう。

何よりも不整合なのは、引用最後の「マルクス本来の立場」である。他の論文を読まなくても、この講義で、しかもこのくだりで、マルクスが不破氏のいう「民主共和制論」を説いたのが一八七八年だと教えられたばかりである。マルクスは一八四〇年代から執筆していたと知っているだけで、首をかしげざるを得なくなる。講義の冒頭では「マルクス、エンゲルスのまとまった革命論の著作はない」とか、マルクスの「革命論の転換は『資本論』の執筆とも大きく関連してすすみました」と言っている。それなのになぜ、「古い国家を改造して利用する」ことが「マルクス本来の立場」と言えるのか。自分で自分の説明を同じ講演で否定するのは、誰であれ珍しい。「錯乱」と評する以外にない。

次に、「ブルジョア国家の粉砕」という積年の大テーゼをその「マルクス本来の立場を完全に誤解したもの」と断定するのは大いなる錯誤か偽造である。『国家と革命』の「第三章　国家と革命。一八七一年のパリ・コンミューンの経験。マルクスの分析」で、レーニンがマルクスの『フランスの革命』からの引用を論拠としていたことは、少し真面目な活動家なら憶えているに違いない。レーニンはマルクスに依拠して論じたのである。冗談もほどほどにと言うしかない。

第三に、「ゆがめられた時期」があったと言うが、すぐに続けて「長く指導理論とされました」とあるように、「時期」などという軽微なものではなく、「時代」と言うべき長期間だった。しかも、その長期間にわたって日本共産党もその理論に従ってきたのではないか。

第四に、そうなると、「完全な誤解」にすぎない革命論によってレーニンが主導したロシア革命はどういうことになるのか、ぜひはっきりさせてほしい。この点は、一昨年一一月のもう一つ重大な発言と合わせて後述しよう。

第五に、前記の引用の途中にこの「マルクスの文書」は、「第一回の講義で紹介した『極左日和見者の中傷と挑発』を書く時に」自分が「探し出した」と書いてある。この論文は一九六七年に書かれた「赤旗」評論員論文で筆者が誰かは伏せられているのだが、自分（不破）が書いたと示唆したいようである。どうやら、不破氏は、このいわば世紀の大発見を一九六七年に自分が為したと誇りたいらしい。だが、この論文の核心の一つは、前記のレーニンの大テーゼに立脚した「敵の出方」論だったことを、不破氏は忘失したようである。

## 2 ローザ・ルクセンブルクの「自然発生」を肯定

一昨年一一月に、不破哲三氏は「『古典教室』を語る」なる鼎談のなかで次のように発言した。『古典教室』とは不破氏の新著。あとの二人は、石川康宏・神戸女学院大学教授と山口富男・党社会科学研究所副所長。

「有名な女性革命家のローザ・ルクセンブルクは、一九〇五年にロシア革命が起きた時に書いた論文で、革命というものは自然発生的に起きるもので、革命を党が準備したりするのは邪道だと論じました」。

この文章を読んで、その通りだと肯定的に理解する人が日本共産党のなかにどれほど存在するのだろうか。新左翼の或る党派の活動家なら喜んだかもしれないが、今ではローザを読む読者はいない。著作集が刊行されると言われていたが沙汰止みとなった。「こんな意見は、自然発生性に拝跪するもので、自分たちは目的意識的に党を建設し、革命の道を切り開くのだ」と答える党員のほうが多いと思いたいが、ごく少なくなっているのかもしれない。

しかも、すぐに続けて「この点はレーニンにも本格的な研究はありません。長く科学的社会主義のうずもれた歴史の一つとなっていました」と話す。その「長くうずもれた歴史」に自分が光を当てたというのである。

レーニンについて、「本格的な」と用心深く形容しているが、もし、このローザの主張が正しいとすれば、レーニンもロシア革命も初めから「邪道」に落ち込んでいたことになる。

引用文中の「準備」の語義が定かではないが、だれも夕ご飯や結婚式やマジックを「準備」することと革命を混同することはない。「準備」の代わりに、決定、指導、領導、先頭で闘う、切り開く、とさまざまな言葉を入れることができるし、それぞれの場面に応じて表現することが可能であり、かつ不適切な場合もある。九九歩譲って、この文章に同意するとしても、その場合には、直続して「だが、革命のために党を意識的に建設する努力が必要で大切である」と付記しなくてはならない。

このローザの意見を「長くうずもれた歴史」のなかの卓見だと思っているとしたら、不破氏がレーニン組織論に触れなくなったり、ロシア革命を忘失するのは当然である。昨年一月に開かれた

第二六回党大会の決議の第2章では「世界の動きをどうとらえ、どう働きかけるか」と設定されていて、その冒頭に「二〇世紀におこった世界の最大の変化は」と主語を立てているのに、ロシア革命もソ連邦の崩壊も一言も出てこないことになったのである。

どうやら不破氏は、ロシア革命の清算にまで、「到達」したようである。不破氏が「スターリン秘史」としてスターリンの悪行を暴くことに熱中する理由の一端もそこにあるのであろう。これでは、共産党の存在意義は消失してしまう。

以上は、不破氏の錯乱と偽造を指摘しただけで、この問題の積極的な解明は、すでに私が二〇〇一年いらい提起し、強調している〈則法革命〉によって果たされていると付言しておく。

（原文は『探理夢到』第五号＝二〇一四年八月、など）

**校正中に気づいたこと**

プロレタリア作家の小林多喜二と宮本百合子を記念して、共産党による多喜二・百合子賞が一九六九年に創設された（年に一度）が、二〇〇五年をもって休止された。

党員の高齢化については報告しているが、さらに年齢別の党員数、性別の数、職業別の分布、党歴年数、地域（都道府県）別の党員数について実態把握をすれば分かることも多いだろう。

労働組合活動と共産党との関係や学生運動についても明らかにする必要がある。

（第Ⅱ部本文に追記する余地がないので、この余白に記すことにした）。

# 日本共産党幹部とのわずかな接点

非転向・獄中一二年を誇り、敗戦直後から長くトップの座にあって日本共産党を指導してきた宮本顕治は、私にとっては世代的にも大きくズレているし、演説を聞いたことさえないが、たった一度だけ「接点」が生じた。一九八四年五月に開かれた赤旗まつりでの出来事。『週刊朝日』の記事に名指しではないが、私が「登場」する。二面見開きで四分の三が宮本議長の写真。見出しには「『委員長との不仲説は、トロの観察だよ』」とある（五月一八日号）。カギカッコの文句は宮本議長の発言で、「トロ」とはマグロではない。短い記事は、宮本議長は「『あれはトロ（トロツキスト）あがりの観察だよ』と笑い飛ばした」と結んでいる。発言には「村岡」の名前はないが、トロツキスト関係者で問題の不破「委員長との不仲説」に関して発言しているのは私だけであり、宮本は私の論文に目を通したのであろう。そのうえで「トロあがりの観察」と評したのである。記者は「あがり」の三文字の意味が理解できず、見出しではスペースは十分あるのに省略しているが、この一句によって、宮本議長は村岡を「トロツキストあがり」と認識していたことが分かる。だが、その意味を理解できた人はどこにもいなかった。「邪推」「憶測」とでも言えただろうが、「観察」と表現したことにも何かの意味があったのだろう。私はうれしいとまでは思わなかったが、悪い気はしなかった。かすかに通じるものを感じたからである。

宮本議長は二〇〇七年七月に没したが、私は追悼文「自主独立の優位と組織論の限界」を『もうひとつの世界へ』第一〇号＝八月に発表した。

副委員長の上田耕一郎とはほんの少し接点があった。新日本出版社に勤務していた有田芳生氏によると上田さんは、ある時、彼の著作の裏表紙に「過度期」と誤植があった際に、同社の社内で「こんな誤植をしているから、村岡に咎められるのだ」と叱責したという。「過渡期」という用語は、トロツキストなら「社会主義への過渡期」とか、トロツキーの『過渡的綱領』で慣れているが、共産党世界では慣れないから誤植したのだ。梅本克己の主著は『過渡期の意識』だった。私は、上田さんには「稲妻」や私の本を送付していた。

一九九九年の高沢寅男さんの偲ぶ会で同席したので、歩み寄って「いつかお会いできませんか」と声を掛けたら、「いやあ、まだ」というような曖昧な返事が返ってきた。

二〇〇六年秋に糸数慶子氏が沖縄県知事選挙に立候補したさいに、共産党にも何としても糸数支持を表明してほしかったので、上田宅に初めて電話した。電話に出た夫人が、「村岡です」と伝えたら、すぐに「いつも本を送っていただく村岡さんですね」と応じて、「主人は今、入院中ですが、お話は伝えます」と話を聞いてくれた。時に、二人で私のことを話題にすることがあったのかとうれしかった。この年に年賀状をいただいていた。車椅子のお嬢さんも描かれ、「実にエネルギッシュな活動ぶりですね」と一筆してあった。二月には共産党の役員退任の挨拶が届いた。

上田さんは、二〇〇八年一〇月に没したが、私はすぐに追悼文「ぜひ対話したかった社会主義者」を『もうひとつの世界へ』第一八号＝一二月に発表した。

二〇〇七年に元・常任幹部会委員の吉岡吉典さんに出会った。きっかけは、沖縄に関係する集会に出かけた時に、その二次会の飲み屋で隣に座った人が、吉岡さんが国会議員時代に長く秘書をしていた人で、「私はあなたの『不破哲三との対話』を読んだことがある」と言うので、驚いて話しているうちに、吉岡さんに「村岡の本を読んでいる」と言ったら、「私も村岡のことを知っている。路上で話したことがある」と答えた、ということが分かった。「話したことがある」というのは、実は九〇年代に、文京区民センターの近くの講道館の向かい側の路上で、私が吉岡さんに話しかけ、

上田耕一郎さんからの年賀状。2006年（戌年）

持っていた「稲妻」や本を差し上げたことがあった。このことを私が憶えているのは当然だが、吉岡さんが記憶していたと知って、私はうれしくなり、手紙を差し上げた。そうしたら、池袋駅前の喫茶店「服部」で、ということになり、お話しした。現役を退いたあとだったので、ざっくばらんな話だった。良い人に出会えたととても心が弾んだ。

その後、もう一度だけ、今度は彼の家の近

くの喫茶店まで出向いてお話しした。その時の話で印象的だったのは、世間では上田耕一郎や不破哲三のほうが柔軟だと思われているが、実は宮本顕治のほうが先端を切っていて、この二人も宮本さんの枠内で書いていた、ということを教えられたことである。そう言われればそうだとすぐに納得できる。もう一つ、いつかは不明だが、ある時、上田さんが「村岡を引き入れてもよいか」と、聞いてきたことがあり、「反共分子ではないのなら良い」と答えたことがあったという。この話はそれっきりになったという。吉岡さんがありもしないことを話すはずはないし、私はこんな話を捏造する趣味は持っていないから、事実だったのだろうが、惜しいことだ。

気取ることなく年来の知り合いのように語る吉岡さんに、私は大きな期待に胸をふくらました。だが、二〇〇九年三月一日、吉岡さんは韓国ソウルで「三・一独立運動」のシンポジウムで講演直後に倒れ、帰らぬ人となった！「赤旗」で知った時、深く落胆した。

私は追悼文「私を憶えていてくれた吉岡吉典さん」を書いて、『プランB』第二〇号＝四月に掲載した。

もう一つ、後日談がある。夏になって、前記の元秘書から、吉岡追悼集会を開くので、呼びかけ人になってほしいと頼まれた。私は大喜びでOKして、これは大きな突破口になると期待した。発起人代表梅田欽治の名で、一〇月九日に会議を開くと案内状が届いた。ところが、行くつもりでいた二日前に、元秘書から電話で「出席しないでくれ」と伝えられた。「村岡は外したほうがよい」と注意する人がいたらしい。私は会議に乗り込んで騒ぐ気はなかったので、「残念ですね」と答えた。「吉岡吉典さんをしのぶ会」は、一二月五日、大雨の日に神田の学士会館で盛大に開かれ、私も参加は拒否しないというので、出席した。会場で、市田忠義書記局長に「村岡です」と声をかけ、『プランB』を渡したら、「存じ上げています」と丁寧に答えた。彼が「存じ上げてい」るということは、書記局の会議で私のことが問題になったということであろう。吉岡さんの遺影の前で夫人とツーショットを撮った。呼びかけ人からは排除されたが、年末に刊行された小冊子『惜別　吉岡吉典さんをしのぶ』には私のごく短い追悼の言葉が「『プランB』編集長」の肩書で収録された。何と、三六〇人余が追悼の言葉を寄せている。如何に広く人望があったかを示している。トップの幹部では金子満広の名はあったが、不破哲三と志位和夫の名はない。

その後、吉岡さんの自宅近くで蔵書を保管した「きってん本の家」での研究会に二度ほど参加した。彼の蔵書のなかに、私が編集した『原典　社会主義経済計算論争』があった。二〇一二年三月三日には東村山市駅近くのホールで没後三周年記念の講演会があり、九〇人が参加。金子満広さんなどに挨拶した。

余り褒められた話ではないが、共産党のトップに関連するので、書き留めておこう。

二〇〇六年秋、沖縄県知事選挙に参議院議員の糸数慶子が辞職して立候補することになり、立食の激励パーティーが開かれた。長野県知事だった田中康夫も来ていた。私も出席したが、そこに共産党からは志位和夫委員長、国会議員の穀田恵二と吉井英勝らも出席。挨拶を終わった志位に名刺と『もうひとつの世界へ』を差し出して声を掛けた。しかし、彼は、ポケットから名刺を出したが、私が「村岡到です」と言ったら、名刺をポケットに戻し、受け取った雑誌を秘書?に渡した。穀田や吉井は、私が渡した雑誌をポケットに突っ込んで雑談を交わした。吉井は、京都大学時代には共産党員ではなかったと教えてくれた。「学生時代に第四インターも知っていました」ということだった。彼らは村岡到が何者かまったく知らないので気安く対応したのであろう。

もう一つの出会いも紹介しておこう。二〇一一年一一月六日に明治大学リバティタワーで、社会主義理論学会主催の「ソ連邦崩壊二〇年シンポジウム」が開催された。このとき、私も報告者の一人だった分科会の会場で、聴濤弘さんが私に挨拶して声をかけてきた。お名前だけは知っていたのでビックリした。共産党の元常任幹部会委員で参議院議員も勤めた方で、モスクワのルムンバ友好大学に留学したこともある、ロシア研究家でもある。ルムンバ友好大学で同僚だった田中雄三さん（元・龍谷大学教授）がいつか彼の病床を見舞うときに、私の本を紹介したと話したことがあった。一三年の社会主義理論学会の討論集会で報告者になっていただいた。

幹部だけに目が向いている訳ではない。自宅に「赤旗」日刊紙を配達してくれる高齢の党員とは集金のたびに良く話をする懇意の仲である。ついでながら、第四インターの時代から、私は各種選挙では常に共産党の候補に投票している。

# 付録

## 石橋湛山に学ぶ——リベラリズムの今日的活路

いま何故、「有髪の僧」を自認する石橋湛山なのか。リベラリズムの論調がさかんな時期ならば「リベラリズムの真髄」とも称される湛山を取り上げてもおかしくないだろうが、リベラリズムは勢いを失なっている。「それなのに、何故?」と聞かれても個人的事情によるとしか言いようがない。季節外れに何の意味があるのか、それは本稿を読んで理解してもらうほかない。

石橋湛山——「たんざん」と読めないほどに無知でも若くもなく、彼が短期だが首相にもなった自民党の政治家であることくらいは知っていたが、恥ずかしい話だがそれ以上のことは全く知らなかった。私が読んだ昭和史の著作などわずかしかないが、石橋湛山は登場しないか、かすかに人名が出てくる扱いがほとんどである。最近刊行された『日本近現代史を読む』(宮地正人監修)ではわずかに桐生悠々などの人名とともに「満州放棄論をとなえた石橋湛山などの言論人がいました」(1)と書かれているだけである。高校の日本史の教科書では、家永三郎ら編集『新日本史B』では「『東洋経済新報』の記者石橋湛山は、普通選挙の実施などのデモクラシーの主張にとどまらず、朝鮮・台湾・満州などの植民地・半植民地をすべて放棄し、貿易による平和な方法で経済的発展に国策を大きく転換させる必要を強調した(2)」と説明されている。

二〇〇八年に深津真澄氏の『近代日本の分岐点――日露戦争から満州事変前夜まで』を刊行したので、彼の業績を知り大した人物だったのだなと知識を拡げた。翌年、この著作が石橋湛山賞を受賞する栄誉に恵まれ、川越良明氏の『横手時代の石橋湛山』を読む機会を得た。この著作に浅野純次氏の「石橋湛山さんのこと」という短い「序文」が付されている。浅野氏は「石橋さんで感心させられることは星の数ほど限りないが、とりわけてすごいと思うことの一つに『自爆の覚悟』がある」(D八頁)と紹介している。この覚悟の中身については後述するが、これは貴重重大な事実である。川越氏は横手生まれで横手在住の横手市の職員だった方で、浅野氏は一九六二年に、湛山が社長をしていた東洋経済新報社に入社し、社長、会長を経て、現在は石橋湛山記念財団理事をされている。

直接にはこの「自爆の覚悟」に触発されて、湛山探究に着手することになった。本来ならば、全一五巻の湛山全集をはじめ、先行する研究書を読破しなければならないのであろうが、私にはとてもその余裕はなく、いつものように拙速ではあるが、理解しえた限りで小論をまとめるほかない。

## 1　石橋湛山の足跡と時代的背景

私の無知を基準にすることはないが、石橋湛山について最小限のことを記しておこう。

石橋湛山は、一八八四年（明治一七年）九月二五日に東京市麻布区芝で日蓮宗僧侶杉田湛誓の長男として生まれた。故あって母方の姓を名乗る。一一歳で得度し、一九〇二年に山梨県立第一中学校を卒業、一九〇四年に早稲田大学哲学科に入学。ジョン・デューイのプラグマチズムを説く自由主義者の田中王堂に師事した。一九〇七年に首席で卒業し、「東京毎日新聞」の記者となり、兵役を一年務め、一一年に東洋経済新報社に入社した（二七歳）。前年一九一〇年は、韓国併合と大逆事件（幸徳秋水ら一二人が冤罪で処刑）の年として記憶すべき年であった。一二年に小学校教師の岩井うめと結婚。『東洋時論』『東洋経済新報』の記者を経て、二四年に東洋経済新報社第五代主幹（会社のトップ）に就任した。旬刊の経済誌『東洋経済新報』は日清戦争直後の一八九五年に創刊され（一九一九年一〇月から週刊）、自由主義の旗印を鮮明に掲げた。第四代主幹三浦銕太郎は「小日本主義」を主張。二度にわたって明治政府から発売禁止処分を受けた。月刊の社会評論誌『東洋時論』は一九一〇年五月に創刊され一二年一〇月に廃刊。一九一四年に第一次世界大戦が始まる。一九三一年に、昭和史を暗転させる決定的転機となった満州事変が起き、四一年末にアジア・太平洋戦争が始まる。湛山は四五年四月に家族といっしょに秋田県横手町に東洋経済新報社の主要部門と合わせて疎開した。

八月の敗戦を経て、月末にＧＨＱの経済科学局長クレーマー大佐（アメリカ人）に呼ばれ、経済科学局のアドバイザーになった。実は湛山は一九三四年に『オリエンタル・エコノミスト』という英語の雑誌も発行していて、クレーマー大佐はこの雑誌の愛読者で高く評価していたからである（C一五〇頁）。一一月に自由党（鳩山一郎総裁）の顧問に就任。四六年の初の総選挙に自由党から立候補して落選。しかし、異例にも同年に成立した吉田茂内閣の大蔵大臣として入閣、四七年の総選挙では静岡二区から立候補してトップ当選。二月には二・一ゼネストの中止。湛山は大蔵大臣としてNHKラジオでストの中止を二日前に訴えた。四七年五月にGHQによって公職追放処分を受ける。レッドパージの嵐が荒れ狂った。吉田首相は湛山を弁護せず、この処分の全くの不当性とともに論議を招くことになった。五一年に追放解除となり、政界に復帰し、五二年の総選挙で静岡二区から立候補して当選、以後五期連続当選。五四年に鳩山内閣の誕生に尽力し、通産大臣に就任。五五年の保守合同を経て、五六年に自民党総裁選挙で岸信介を僅差で破り勝利し一二月に戦後七人目の首相となった（七二歳）。だが、病を得てわずか二カ月で辞職。病気回復後も国会議員は勤めた。五九年には周恩来首相の招請で中国を訪問（日中復交は一九七二年）、六四年にはソ連邦を訪問。日ソ協会会長を務めた。一九七三年四月二五日、脳梗塞で死去した。享年八八歳。

『東洋経済新報』については説明を補足すると、浅野氏が別稿「個の確立と小日本主義」（以下、浅野論文と略称）で次のように紹介している。「『東洋経済新報』は、日本にもイギリスの『エコノミスト』のような雑誌をつくって『政治家、官僚、産業人に提言、忠告』することにより、日本の発展をめざしたいと考えた町田忠治（のち民政党総裁）により、一八九五年に創刊されました。創刊の辞には『健全なる経済社会は健全なる個人の発達に待たざるべからず』とあります[3]」。浅野氏が続けて記しているように、個人を重視するこの考え方を一〇〇年以上も「前に強調した事実に感服します」。当時の発行部数は五〇〇〇部と『湛山回想』に記されている（B二四二頁）。「当時は月刊で三〇〇〇部の発行があれば一応引き合うといわれていた」（B一七〇頁。主要紙の「朝日新聞」「毎日新聞」は一九三一年末に「七〇万から八五万の読者」だった。E一一三頁）。

浅野氏が留意しているように、湛山は「日本の政治史上、初めて〔の〕私学出身宰相」（D六頁）であり、「出版界が生んだ初の総理大臣」（D五頁）となった。病気による辞任は、言行一致の矜持によるものであるが、どれほど無念であったことか。「もし湛山なら……」という〈歴史におけるｉｆ〉が許されてよい希有な人物であった。川越氏によれば、あんまと酒が好きだったという。

本論に入る前に、湛山が生きた大正・昭和前半の時代について、最低限のことを確認する。

別表に簡略に示したように、日本の近代化は日清戦争に始まって戦争の連続であった。アジア・太平洋戦

略年表

| | |
|---|---|
| 一八六八 | 明治維新（明治元年） |
| 一八九四 | 日清戦争　動員兵士約二四万人 |
| 一九〇四 | 日露戦争　動員兵士約一〇九万人 |
| 一九一〇 | 大逆事件（五月）　韓国併合（八月） |
| 一九一四 | 第一次世界大戦（大正三年） |
| 一九一七 | ロシア革命（一〇月） |
| 一九二五 | 男子普通選挙法　治安維持法 |
| 一九二九 | 世界恐慌（九月）（昭和四年） |
| 一九三一 | 満州事変（九月） |
| 一九三二 | 犬養毅首相暗殺（五・一五事件） |
| 一九三七 | 盧溝橋事件（七月） |
| 一九三九 | ノモンハン戦争[4]（五月〜九月）<br>第二次世界大戦（九月） |
| 一九四一 | アジア・太平洋戦争（一二月） |
| 一九四五 | 敗戦（八月） |

争の末期には、食料をはじめ基礎物資が不足となり「欲しがりません勝つまでは」の標語が、侵略を煽る軍歌とともに高唱され、特高警察が言論を抑圧していた。一九三八年には国家総動員法が制定され、政府が国民の労力や財産をほしいままに動員することが可能となった。本稿の問題意識からすると、半藤一利氏が鋭く主張しているように、特に満州事変以後の新聞＝マスコミが果たした戦争煽動の責任を重視しなくてはならない（新聞の購読は大正時代からに急速に拡がり、ラジオ放送は一九二五年に開始された）。

明治二二年（一八八九年）に制定された大日本帝国憲法においてはその第二九条で、言論の自由は「法律ノ範囲内ニ於テ」と制限され、「出版法」（一八九三年）、「新聞紙法」（一九〇九年）によって厳しく統制されていた。発行禁止や掲載差し止めが陸軍大臣などによって容易に可能だった。批判的言論を抑えつけるだけでなく、軍部は国民への直接の働きかけも強化した。陸軍中央は「各連隊長クラスに指示し、街頭に立ってますます国防宣伝をやるように命じた。この工作のため、各連隊区には活動資金も配分された」（E九四頁）。

私は、この領域の問題は勉強したことはないが、一九八五年にグラムシ国際シンポジウムを準備中に石堂清倫氏を訪ねた折りに、戦時中に軍部が町内会などで戦争宣伝の活動を広範に展開したことを十分に知らなくてはならないと教えられたことがあった。(5) グラムシを研究している人は目の付け所が違うものだと感心した。国策を遂行したり、それに対抗するうえで、教育や宣伝の位置がきわめて大きく重いことを改めて痛感する。そうであればこそ、新聞・マスコミの責任は重大である。

一九三〇年のロンドン海軍軍縮会議前後に国防兵力をめぐって、増強を主張する軍令部と浜口内閣が対立した「統帥権干犯」問題が浮上した際には、新聞は軍部を批判した。半藤氏は「政府が軍の横車に屈しなかった唯一の例を、昭和史のなかに残すこととなったのである」（E七一頁）と評価し、「良識を示した言論界」（E六〇頁）と賞賛している。

だが、翌年の満州事変を境に、軍部の独走が歯止め無く拡大し、新聞の論調は一転してしまう。歴史の弁証法というべきか、「統帥権干犯」問題で後退を余儀なくされた軍部は新聞をターゲットにして攻撃し、その結果、戦争へと「大新聞が全社一丸となって驀進してい」（E二六七頁）ったのである。その様相を記述している余裕はないが、半藤氏は『朝日新聞七十年小史』（一九五七年）から「柳条溝の爆発《（ママ）》〔満州事変〕で一挙に準戦時状態に入るとともに、新聞紙はすべて沈黙を余儀なくされた」を引いて、「これは正確な認識ではないようである。『沈黙を余儀なくされた』のではなく、積極的に笛を吹き太鼓を叩いたのである」（E一一七頁）と批判している。半藤氏は「終章　醜態を示すなかれ」の最後の注で、「朝日新聞の当時の主筆であった緒方竹虎氏の戦後の回想」から「軍というものは、日本が崩壊した後に考えて見て、大して偉いものでも何でもない。……〔新聞社のあり方を〕多少残念に思うし、責任も感ぜざるを得ない」という文章を引いたうえで、「この反省は何とも無責任にも聞こえる」（E二七五頁）と穏やかに評しているが、愚劣卑怯の典型として指弾されなくてはならない。本人が「健在」である間は服従・沈黙していて、死んでから「彼奴は悪党だった」とつぶやくような人間がマスコミのトップというのでは悲しい限りだ。深津氏によれば、「参戦当時、日本のジャーナリズムで戦争回避の立場をとっていたのは東洋経済新報だけだった[6]」。

## 2 「小日本主義」の高さ

湛山の全一五巻にも及ぶ主張を全体的にフォローすることはできないから、湛山と言えば条件反射的に想起される「小日本主義」についてだけ取り上げよう。すでに触れたように、この考え方は湛山の独創ではなく、『東洋経済新報』第四代主幹三浦銕太郎の主張であった。

湛山は一九一四年一一月に「青島は断じて領有すべからず」を『東洋経済新報』「社説」に発表した。四カ月前に第一次世界大戦が始まり、世間は軍国主義に煽られていた。ドイツが租借していた中国の青島を日本軍が占領した直後に、湛山はきっぱりと主張する。「アジア大陸に領土を拡張すべからず、満州もよろしく早きにおよんでこれを放棄すべし、とはこれ吾輩の宿論なり。更に新たに支那〔中国〕山東省の一角に領土を獲得する如きは、害悪に害悪を重ね、危険に危険を加うるもの、断じて反対せざるを得ざる所なり」(A五一頁)。「ドイツの青島領有の平和に害ある如く、日本これを領有するもまた、均しく有害ならざるを得ず」(A五二頁)と断じた。同じ行為をドイツが為せば悪だが、日本がやれば善だという手前勝手なダブルスタンダードを排して論理的に思考しているところが、湛山の特徴である。

一九一九年三月一日に、普通選挙同盟会が主催した普通選挙要求の集会が日比谷公園で開かれ五万人が参加したが、そのデモの副指揮者を務めた(7)。

一九二一年には「一切を棄つるの覚悟――太平洋会議に対する我が態度」を同「社説」に発表した。第一次世界大戦が終結し、国際的に海軍軍縮が大きな問題として浮上し、七月にアメリカが日本、イギリス、フランス、イタリアに呼びかけ、一一月から中国など九カ国が参加してワシントンで軍備縮小会議が開催された。湛山はすでに軍縮会議を日本が主導して開催することを主張していたが、会議参加を躊躇する政府を批判し、「何もかも棄てて掛かるのだ」（A五七頁）と進言する。

続いて湛山は「大日本主義の幻想」と題する「社説」を三週連続で掲載する。タイトルも直截であるが、書き出しも鋭い。「朝鮮・台湾・樺太も棄てる覚悟をしろ、支那〔中国〕や、シベリアに対する干渉は、もちろんやめろ」（A一〇一頁）と結論を示す。だが、この「社説」の真骨頂は結論の鋭さだけでなく、その論拠を具体的に数値をあげて論証するところにある。湛山は、朝鮮・台湾・樺太の領有が経済的にも引き合わないことを、領有にかかる戦費、貿易額、人口移動の数値をあげて実証する。湛山は、「我が国は人道のためなどというえらい事でなく、単に利己のためにも列強の海外領土は総て解放し、その諸民族に自由を与うる急先鋒となるが善い」（A一一七頁）と論じ、日本が「自由解放の世界的盟主」（A一二二頁）となれと主張する。湛山は、「大日本主義」や軍国主義が官民あげて大合唱されている時勢に真っ向から批判を加えたのである。大正デモクラシーの息吹のなかで、その先端を走る異端の言説であった。

「小日本主義」について着目した研究はすでに数多く産出されている。石橋湛山の生涯の歩みと合わせて、松尾尊兊氏の「解説」を読むのが便利である。深津氏の前著第四章が「石橋湛山と『大日本主義』の否定」である。同書には付録として、「大日本主義の幻想」が付されている。

浅野氏は前記の論考で三浦との繋がりにも触れ、背景としてはイギリスの Small Englandism があったことも明らかにしている(8)(近年の関心から言えば、イギリスの農業経済学者シューマッハの small is beautful を連想することもできる)。

湛山のこの鋭い主張は、他の主要な政治的事件についても同じように発揮される。一九一七年のロシア革命については翌年七月に、政府のシベリア出兵に真っ向から反対して「過激派政府を承認せよ」(A七五頁)と主張した。同年に日本全国で発生した「米騒動」については、「単に米騒動に過ぎずなどと軽視し、もしも多数を騒擾罪に問うて厳罰に付する如きあらば、かえってゆゆしき結果を惹起するに至るべきを深く恐るるものである」(A八五頁)と結論している。翌一九年に朝鮮で起きた「鮮人暴動」〔三・一独立運動〕については、「朝鮮人も一民族である」「故に鮮人は結局その独立を回復するまで、我が統治に対して反抗を継続するは勿論、……その反抗はいよいよ強烈を加うるに相違ない」(A八七頁)と正確に見通した。二一年に起きた大本教神殿の破壊にも批判を加えている(A一一三頁)。あるいは二七年に起きた、軍隊内での部落差別事件についても公平な裁判の必要性を強調した(A一五六頁)。三一年九月に満州事変が起き、中国への侵略が進む。満州事変に対する態度の問題は重要なので、その後の経過も概観した後で触れることにする。

四〇年に議会での反戦演説のゆえに「衆議院で起った斎藤隆夫氏（議員）の懲罰問題」（A二一〇九頁）に対しても、「いわゆる軍人の政治干与――責は政治家の無能にある」という短文で「今日の我が政治の悩みは、決して軍人が政治に干与することではない。逆に、政治が、軍人の干与を許すが如きものであることだ」と批判し、次の比喩で結んでいる。「ばい菌が病気ではない。その繁殖を許す身体が病気だと知るべきだ」（A二一一頁）。どこかでトロツキーはスターリンの文章には比喩がほとんど無いと指摘し、物事を深く理解している者は的確な比喩を駆使すると書いていた。ほかにも婦人参政権、地方自治、労働者のストライキなどについて抜きんでた論評を加えている。

満州事変に対して、湛山はどのような態度を取ったのか。松尾氏は次のように解説している。「湛山がようやく、列強の植民地独占と自由通商政策放棄に対する日本の『自己防衛』として事変を追認するのは、翌年三月に入ってからのことである（「日支衝突の世界史的意味」全集8）。この後退は、六〇人余の社員を抱える中小企業主としてのやむをえない選択であるとともに、『我れ日本の柱とならん』の宗主日蓮の愛国心を継承し、現実に密着しながら批判の最善をつくそうとする評論家魂のなせるわざであったといえよう」（A三〇五頁）。

やや冗長な引用になったが、いくつか気になる点がある。松尾氏は、湛山の態度を「後退」と評価するが、その証拠としてあげられているのは、「日支衝突の世界史的意味」という社説からの「自己防衛」だけである。わずか四文字の引用でこれほど重大な判断を下してもよいのであろうか。しかもこの社説はこの評論集には収録から外されている。次に「この後退は……評論家魂のなせるわざ」というのは妙ではないか。「魂のなせるわざ」というのは大抵は肯定的事象を飾る表現である。さらに、「追認するのは、翌年三月に入って」という言い回しは急所を外したものである。何時かが問題の焦点ではなく、どういう態度を取ったのかこそが問題なのである。せめて「翌年三月に追認した」と書くべきである。文章が汚くなったり乱れたりするのは、多くの場合、論旨に問題があるからそうなると言ってよい。

半藤氏も当然ながらこの重要な問題を取り上げている。半藤氏は問題の社説から二頁近く引用し、結論として、「満州侵略を……『自己防衛のため』だと弁解したことは、かりに道理であるとしても、その一面で湛山の信念たる『小日本主義』の放棄ともみられなくもないところがある」（E二〇四頁）と慎重に評価している。それだけではない。すぐにこう言葉をつないでいる。「しかし、このとき湛山がリットン調査団に訴えたいことは、そうした弁解ではなく、もっと深いところにあった」として、この社説から引用する。そこには「記者〔湛山〕は前にもいえるごとく、日本が従来支那に対してとれる政策を是認する者ではない」という確言が記されている。半藤氏はこの小項目「リットン調査団の来日」を「湛山の苦衷がにじみでている」と結んでいる（E二〇五頁）。

文中に突然にリットン調査団[9]が出てきたが、国際連盟の理事会が決定した満州の現状を調査するための委員会のことで、一九三二年二月末に来日した。問題の湛山の社説には「連盟委員に寄す」という副題が付されていた。そして、湛山は「この内容を英訳して三月七日に調査団一行に手渡した」（E二〇〇頁）のである。松尾氏はリットン調査団にもまったく言及していない。わずか四文字の引用では、湛山の「苦衷」を察することはできるはずがない。

この重要な問題について、真実に肉薄した評価は半藤氏のほうである。増田弘氏の『石橋湛山』の場合には、強調した価値判断は避けているようであるが、問題の社説の一カ月前の社説「支那に対する正しき認識と政策」からも引用して「満州国否認の態度を鮮明にした(10)」と書いている。

当然のことながら湛山は中国戦線の拡大には反対し続けた。叙述を戻そう。

湛山は鋭いジャーナリストというだけでなく、湛山には『東洋経済新報』という、マスコミとは言い難いとはいえ、確固たる経営基盤を有する雑誌が与えられていた。あるいは自らその手段――武器という軍事用語を転用するのがふさわしい――を育てあげた。松尾氏は「解説」で、「新報が戦時下生存しえた理由としては、婉曲・屈折した表現を駆使したこと、新報が経済誌であったこと、および経済人の強い支持があったこと、などがあげられよう」（A三〇九頁）と書いているが、果たしてそれだけで以上に簡略ながら概観してきた難事を長年にわたって実現することができるであろうか。それらの要因は条件である。この条件を活かすには、大事を為すには何事でもそうであるが、主体的努力こそが肝要である。そこで、「自爆の覚悟」が問題となる。

## 3　「自爆の覚悟」とは何か

時は一九四五年、敗色濃厚の戦争末期、『東洋経済新報』は表紙も含めてわずか八頁に削減された（創刊時は四〇頁。B二三四頁。「朝日新聞」などは二頁で発行）。五年前に「新聞雑誌用紙統制委員会」が設置されたからである。用紙の制限に加えて、「第二次大戦の激化とともに『東洋経済新報』記事の削除命令は日常茶飯となった」と、東洋経済新報社の『言論百年』は記している。[11] 湛山は舌鋒鋭く時局を論じ、東条英機政府を厳しく批判することを止めなかったからである。軍部の圧力は、筆を曲げて屈服するか、雑誌を廃刊するかの窮地に、東洋経済新報社を立たせた。『言論百年』は、「（東条首相は）内務省に東洋経済新報社の取りつぶしを示唆したらしい」として、警保局長だった町村金五の戦後の証言に言及している。人間の真価が問われる正念場である。その窮極的な試練の時に、湛山は「自爆の覚悟」を説いた！

『湛山回想』に次のように記されていると、川越氏が引用している。「外部の圧力に屈し、我々が言説を変えるようだったら、それは国家社会に害毒を流すだけだ。そんな雑誌は潰した方がいい。これからは自爆の覚悟でいこう」（D三三頁）。湛山はこのように社員に呼びかけた。浅野氏は冒頭の引用に続けて、次の発言を紹介している。重複をいとわず引く価値がある。「社内にも私にやめてもらって、軍部に協力する態勢をとろうではないかと主張する者も現れた。……そんな東洋経済新報社なら存続させる値うちはない。……伝統も主義も捨て、いわゆる軍部に迎合し、ただ形だけを残したとて無意味である。そんな醜態を演ずるなら、いっそ自爆して滅びたほうが、はるかに世のためになり、先輩の意思にもかなうだろう。私はこういう信念のもとにあえてがんばり、内外の圧力に屈しなかった」（……は浅野氏、原文はB二九一頁）。

四五年三月一〇日の東京大空襲によって湛山の居宅も全焼した。湛山は以前に購入していた印刷工場のある秋田県横手に疎開することを決断した。四月末に湛山一家とともに社の首脳部一四、五人が疎開した。「事実上、本社機能の移転といってよいものだった」(D三七頁)と、川越氏は書いている。東京と横手とは当時は汽車で一三時間もかかった。

軍部による言論弾圧に抗する方途はさまざまにあり得る。治安維持法によって獄死した共産党員を忘れることはできない。共産党員のほかに牧口常三郎(後に創価学会の初代会長)や大本教など宗教者も弾圧された。だが、この湛山の「自爆の覚悟」の実践も歴史に記され語り継がれるに値する。

だから、浅野氏は的確にもこの疎開を「石橋さんの強い意志がたぎっているように感じる」(D九頁)と評している。この強靭な意志の力に支えられて「小日本主義」は主張され貫徹されたのである。大抵の人は、生死や投獄を賭けて主体的決断を迫られる場面に立ち会うことは稀だが、政治闘争の闘士ではなくても学問の世界でもこの種の決断を問われることはある。法学の先駆者穂積陳重の名著『法窓夜話』(一九一六年)の第一話は感銘深い。話は古くなるが、古代ローマの法学者パピニアーヌスは、カラカラ皇帝から故なく皇帝が弟を殺した後に、殺害を合理化する文書を書けと命じられた時に、それは「第二の謀殺」に当たるから、そんなことを命じるのなら自分を殺せと答え、暴君は怒り、気高き法学者の「身首そのところを異にした」[12]という。穂積は、この話を「士の最も重んずる所は節義である」と起こし、「未発の真理を説いて一世の知識を誘導するものは学者である」と説いている。死を賭けて節義を貫く決断を誰もがなしうるわけではないが、そういう人物が存在していたことを胸に刻んでおくことは大切である。

なお、松尾氏の「解説」によれば、「彼〔湛山〕は、治安維持法違反の疑いで検挙された社員たちを、世間一般の経営者のように、社外に放逐はしなかった」（A三〇二頁）という。

「自爆の覚悟」について、半藤氏の『戦う石橋湛山』では「序章」で前記の言葉を引用して「リベラリストとしての湛山の真骨頂のよくでている言葉といえようか」（E一六頁）と高く評し、「あとがき」でも触れている（E二八〇頁）。だが、「リベラリストの真髄」なるサブタイトルを付された、増田弘氏の『石橋湛山』――第一〇回石橋湛山賞を受賞――には「自爆の覚悟」は出てこない（政治学者で東大教授の岡義武との類似の会話などは説明されてはいる。C一四一頁〜一四二頁）。松尾氏の長文の「解説」では、当然ながら、言論弾圧の実態や「湛山の退陣を求める幹部の策謀」（A三〇七頁）に触れ、湛山が「断乎退陣を拒否した」（A三〇八頁）とは書いてある。「敗戦を印刷工場疎開先の秋田県横手町で迎えた湛山」（A三一〇頁）とも書いてある（「迎えた」が形容句であることに注意）。だが、同じく「自爆の覚悟」には言及していない。なぜ東京からはるか離れて横手に住んでいたのか、その肝心な経過と理由は抜けている。湛山本人が東洋経済新報社の社主として、この疎開の決断と実行の主体だったのである。偶然や他意によって、横手町に居住していたのではない。

このような決断と実績を生きてきたからこそ、湛山は敗戦の直後（八月一七日に執筆）に、敗戦によってほとんどの人びとが茫然自失するなかで、「前途は実に洋々たり」とサブタイトルを付けた「更生日本の門出」（A二五七頁）を一八日に発表することができたのである（名目上の発表日は二五日）。さらに、この経過を再説した山口正氏が説明しているように、この「先見性のほか、言論機関の首脳者としての確かな情報網が介在してい(13)」たことについても知っておいてよい。湛山は天皇の動向についても情報を入手していたようである。

## 4　戦争に対する態度――分岐点はどこに?

「小日本主義」が比類無き高さを有していたこと、それは「自爆の覚悟」に支えられたもので、これまた特筆に値いすることを明確にしたうえで、戦争に対する態度については、もう一つ問題にすべき難問がある。

いきなり難問に移るまえに、湛山には前記のように「一年志願」の軍隊体験があったことに触れておきたい。一八八九年から「国民（男性）皆兵制」となっていたが、「一年志願というのは簡易に下級の予備将校を作る目的で出来たもの」（B一一二頁）で、「一年間の経費一〇八円を納付」し「在営期間が短い」制度である。そこでの体験にもとづく軍隊についての分析・見解も非常に興味深い。当時、軍隊で「将校下士馬兵卒」（B一一九頁）という言葉が飛び交っていたという。軍隊内の厳しい階級制度を表わすと同時に、兵卒は馬よりも下であることを示していた。湛山は、この言葉を「戦争と軍隊とを肯定する限り、全く正しい哲学で、非民主的でも、野蛮でもない」（B一二〇頁）と評する。何たる軍国主義か、と反発を招きそうだが、「しかし、私の説明は、これを裏返せば反軍的にもなる。戦争を肯定し、軍隊の存在を許す限り、兵卒すなわち一般民衆は、人権どころか、馬ほどの価値も認められないぞと、それは教えるものだからである」（B一二一頁）。事実、「中部日本新聞」から執筆を依頼されて、「将校下士馬兵卒」という表題の小論を提出したら、「大本営報道部から『不許可』という大きな判を押されて返された」（同）。新聞社が事前検閲を求めたためである。この一事に、湛山の考え方、論法の特徴がよく示されている。

そして湛山は、「その後の私の戦争反対論には、理屈の外に、実はこの実弾演習の実感が強く影響していたと思う」と述懐している（B一三四頁）。

さて、湛山の次男和彦は出征して、一九四四年二月、内南洋ケゼリン島で戦死した（二六歳）。翌年一月、海軍の合同葬儀が行われた。敗戦をまたいで二年後に、湛山は、前記のGHQによる不当な公職追放指令に反駁する「私の公職追放について」を中央公職適否委員会に提出したが、そのなかで息子の戦死について次のように書いている。

「一年遅れてその〔戦死〕公報を受けた私は、昭和二〇年二月、彼のために追弔の会同を催したが、その席上で次のごとく述べた。『私はかねて自由主義者であるために軍部及びその一味の者から迫害を受け、東洋経済新報も常に風前の灯の如き危険にさらされている。しかしその私が今や一人の愛児を軍隊に捧げて殺した。私は自由主義者であるが、国家に対する反逆者ではないからである』と」（E二八六頁）と記し、続けて「私も、私の死んだ子供も、戦争には反対であった。しかしそうだからとて、もし私にして子供を軍隊にさし出すことを拒んだら、恐らく子供も私も刑罰に処せられ、殺されたであろう。諸君はそこまで私が頑張らなければ、私を戦争支持者と見なされるであろうか」と問うている。

この悲痛な記述をどのように理解したらよいのか。半藤氏は、「読みすすめてそこに達したとき、眼裏が熱くなり活字がにじんでそれ以上すすめなかった」（E二八五頁）と心情を吐露している。小島直記氏の『異端の言説』によれば、「経済学者大熊信行は、……〔この〕一節にきて、『泣きだした』と書いている[14]」そうである。年齢と体験の相違ゆえに、私にはそこまでの感興は湧かなかったが、見逃すわけにはいかない重さがあることくらいは感得できる。逆に、その場に臨場することもなく、遠く離れた時空で、「そこに自由主義者の限界がある」と切って棄てることも可能であろう。確かに反戦を貫いて弾圧され、あるいは獄中で無念にも殺された者もいた。だから湛山の慚愧は記憶に値いしないというのか。

なお、川越氏もこの文章を引用して注意を喚起している（D六七頁）が、出典を『湛山回想』としているのは『湛山日記』の誤記である。『湛山日記』には海軍の合同葬儀の二日後にほぼ同様の記述が残されている。

ここで注意すべきことがある。先の引用には「私も、私の死んだ子供も、戦争には反対であった」と書いてあるが、これは一九四七年の前記の文書においてであって、戦時中の湛山は「戦争反対」とは公言・表現していない（『湛山日記　昭和20-22年』は一九七四年に刊行）。湛山はどんな場合にも、直接に「戦争反対」とは書かないで、細心の注意をはらって婉曲に表現している。例えば、満州事変の三カ月後一九三一年末に戦地の兵士への慰問ブームが高揚したさいに書いた「出征兵士の待遇――官民深く責任を知れ」では、「裏面の悲惨事は忘れてただ戦勝の快報に喝采するごとき軽薄な感情に動かさるるを常とするならば、その結果は、国家の将来にとって実に恐るべきものあるを知らねばならぬ」（E一五六頁）と書く。半藤氏は、この引用のあとで「つまりは戦闘をつづけることにたいする反対をそれとなく示」すと説明している。戦時中は、言論統制と治安維持法の弾圧下にあったことを忘れてはいけない。

ついでながら、この「社説」では、「国家のために身命を捧げつつある兵士に対し些末の慰問袋や慰問金を拠出して、もって我が責任を尽くせりなどと考うるは、国民として実に不心得千万なると同時に、またかかる慰問品を受けて、ようやく軍の給養を補足し得べしと喜ぶ政府は全くその職責を反省せざる者と評するほかはない」と断じている。そして、戦死者や負傷者に想いを寄せ「露骨に言わしむるならば、日本国民は実にこの点において忘恩の民だと思う」とまで糾している（以上、A一五六〜一五八頁）。

戦争に反対すると言っても、レーニンの「帝国主義戦争を内乱へ」のように革命を望みめざす立場もあれば、単に残虐な暴力に反対し平和を望む立場もある。しかもいずれの立場においてもその立場を一命を賭してまで貫徹するか、どこかで妥協するか、さまざまな態度があり得る。人間が置かれている環境は千差万別だからである。敵と味方を区別する分岐点はどこに設定されるべきなのか。左右上下に揺れる人間の生き様を深く理解すれば、一人の人間を固定的に——前に間違ったから今後も間違うはずだというように——敵味方に区分すべきではないだろうが、それでもどこかに分岐点が存在することは認めなくてはならない。そこで加えられる圧力あるいは弾圧の大きさから、大きい方を左あるいは上とし、小さい方を右・下、と価値評価を加えることは許されるであろうが、中間のどこに分岐点があるのか。グラデーションのどこかに分岐点がある、と私は考える。

だが、そもそも「敵と味方」と言うが、一体何の分岐点なのだろうか。湛山は、「国家に対する反逆者」と「自由主義者」を対極に置いた。前者は革命家でも社会主義者、共産主義者でもよい。それを分岐点にすることもできる。だが、係争点を戦争に設定した場合、それでよいのか。この分岐点の設定は不適切である、と考えなくてはならない。誰もが革命家になれるわけもなく、革命家として生きる決断を迫るところまで分岐点を高く設定すべきではない。ところが、当時の「共産主義者たちは、……『帝国主義戦争をブルジョア地主天皇制打倒の内乱へ』とか『労働者農民の祖国ソヴェト同盟を守れ』などという、一般国民にはむしろ恐怖感すらあたえるスローガンをどんなときにも持ち出し、ソ連擁護と天皇制打倒をいわない反戦・平和論は、本質的に帝国主義を弁護するものであると非難した」[15]。井上清は、このように明らかにして、「これでは国民の反戦・平和の要求を組織し発展させることは、夢にもできないことであった」と批判している。この分岐点は、裏返すと「非国民」や「アカ」という国家権力の側からの分断点と重なる。それでは国家権力による国民分断を跳ね返すことはできない。

そうではなく、分岐点は〈戦争反対か賛成か〉に設定されるべきである。しかも、その「反対」は明示的に表明されていなくても、実質的に「反対」と理解できる場合もある、と広く考えなくてはならない。それでは、区別はあいまいになると反発を誘発しそうであるが、大声で叫ばなくても静かに婉曲に示唆しても、反対の意思表示は可能である。事実、湛山はしっかりと言論統制で弾圧されたのであり、読者にとっては左右いずれかかは判断可能なのである。「自爆の覚悟」によって「小日本主義」を貫徹しようとする人間は、十分に味方であると考えるべきである。このように考えることによってこそ、戦争遂行を推し進める国家権力による国民の分断を打破する展望が開ける。宗教的信条による兵役拒否が認められていない国家においては、兵役に従事せざるを得ない場合でも、戦争反対の思想的立場を保持することができるし、あるいは保持していると認めてもよい。そうでなければ、軍隊内部からの反戦活動を理解することはできない。

このように考えると、川越氏が記している敗戦直後の一九四六年四月の一場面がにわかに大きな意味を帯びる。

敗戦後初の総選挙を前にして東京・日比谷公園で幣原喜重郎政権打倒を主張する「人民大会」が開催された（民主諸団体主催・民主人民連盟後援）。七万人が参加した大集会である。そこで当時は自由党に属していた湛山が主催者側の一人として登壇し発言した。湛山は、山川均の主導のもとに、中国から帰国した野坂参三歓迎国民大会を契機として結成された「民主人民連盟」の一九人の世話人の一人となっていた（憲法研究会の高野岩三郎も世話人）。演説に立った湛山に対して、参加者から「保守党の看板をおろしてこい」とヤジが浴びせられた。著者の川越氏は、ジョン・ダワーの話題作『敗北を抱きしめて』からこの一齣を引用している（D一〇四頁）。

今となってはこの集会の様子を詳しく知ることはできないが、この種のヤジは容易に想像することができる。いわば対立・敵対する立場からのヤジと言って間違いない。ジョン・ダワーがどういう意味を込めてこの場面を記述したのかは分からないし、大きな集会ではよく起きることでもある。

だが、もし、前記の「小日本主義」と「自爆の覚悟」による湛山の実績を知っていたら、そして敵味方の分岐点について前述の私たちの考え方が浸透していたら、こういうヤジは飛ばせたであろうか。いうまでもなく言論統制下で生活にあえぐ市井の人びとには湛山が何を主張していたのかよく知らなくても罪はない。自由党所属と聞いただけで反発する人がいてもおかしくない。司会者が短くても簡単に「小日本主義」と「自爆の覚悟」について紹介していたら、こんなヤジは飛ばなかったに違いない。参加者は襟を正して、湛山の演説に注目したであろう。

急に湛山びいきになったから、ヤジは失礼だと憤慨しているわけではない。異なった政治的立場の人間たちによる共同行動の作風の問題として、私は考えている。湛山の体験への配慮、その必要性が欠如していた（に違いない）ことを、私は問題にしたいのである。私が敬愛する哲学者梅本克己は「事実の認識を呼び起こすところに思想がある」と書いていたが、問われているのはここでも思想なのである。「自爆の覚悟」に触れないで「解説」や著作を書ける姿勢では、ヤジを制することはできない（断っておくが、私は集会などでのヤジについては肯定派であり、自身がヤジることも稀ではない。問題はヤジの質である。近年の改憲反対集会で「ヤジの禁止」などが注意されることがあるが、それは精神の衰弱を意味しているだけである）。

このような寛容な思想が根づいていれば、民主人民連盟の行方も異なっていたであろう。戦後労働運動史をこの視点から総括し直す必要があるが、話を湛山に戻そう。

## 5　石橋湛山の思想の質

人は剛毅な人格というだけでは、人望を得ることはできない。意固地で強情な人は少なくないがそれだけでは大事をなすことはできない。自己意識する度合いの深浅はさまざまだが、人間はだれでも何らかの思想（イデオロギー）の影響を受け、体現している。思想には方向と高さ（強さ）と質がある。めざすべき方向が異なっていても、高さを保持している思想からは学ばなくてはいけない。質とは何かを説明するのは難しいが、暖かさや伸びやかさを保持する言説は、他人を感化する力が大きい。

この視点から断片的になることは避けられないが、湛山の思想をフォローしてみよう。

湛山の思想を形つくっているのは、日蓮宗の大僧正になった父と、山梨県の寺の住職で養父の望月日謙から受けた日蓮の影響である。逆境と迫害に抗して教えを説いた日蓮は、少年湛山の心に焼き付いたに違いない。湛山自身が『湛山回想』で「宗教者になるという志望は、いわゆる三つ児の魂〔一〇〇までも〕で捨てえない」(B四〇頁)と書いている。半藤氏も、「湛山は生涯をとおして宗教的な心情をもちつづけた」(E一四頁)と評している。『湛山回想』の「解説」で長幸男氏は「湛山の枕頭にはつねに日蓮遺文集と聖書があったという」(B四〇五頁)と書いている。日蓮とキリストが一緒にされることに奇異の感をいだくかも知れないが、逆である。詳しくは長氏の「解説」を読んでほしいが、一九一二年の論文「久遠の基督教と神になる意志」では、『世界の宗教』を刊行するさいにそこに共同執筆した仲でもあった小山東助の著作を高く評価して次のように書いている。「真に死生の境にまで押し詰めた求道者にとっては、そこにキリスト教もなければ、仏教もあるべきはずがない」(B四〇四頁)。また、前記の「二・一スト」の直後に社会党との連立工作の折りに西尾末広などとの会談のあとに「記念のために色紙の寄せ書き」をした際には日蓮の言葉を記した(B三六七頁)。

早稲田大学で田中王道に師事したことはすでに触れたが、湛山自身が「私の物の考え方に、なにがしかの特徴があるとすれば、主としてそれは王道哲学の賜物であるといって過言ではない」(B七八頁)と書いている。政治思想ではルソーの社会契約論やジョン・スチュアート・ミルに学んでいる。湛山は、早くから「主権は国民全体にある」(A六四頁)と明らかにし、「生活の根本義は自治」(A九〇頁)だとし、「中央集権から分権主義へ」(A一四〇頁)と主張している。大正デモクラシーの息吹であろう。経済学については、浅野論文が適切に説明している。「東洋経済に入社当時、経済知識皆無だった湛山が屈指の専門家になるについては、セリグマン、スミス、リカードはじめ経済学の原書を通勤途上まで読みふけるという猛烈な独学の末に可能になった[16]」のである。その成果が、一九二九年の世界恐慌に際して展開された「金解禁論争」での解禁論者としての登場となった。軍備拡大への歯止めの意味もあった。

明治末期一九一二年の「哲学的日本を建設すべし」では、日本の国民は「浅薄弱小」であることを嘆き、「なれ合いと無定見」（A二五頁）に陥っていることを指弾している。「哲学は最も徹底的に自己を明らかにする者である。何をおいてもまず自己を考える」（A二八頁）ことが大切だと説いている。自分の考えを確立せよ――これが湛山の終生不変の信念である。同時に湛山は、「代議政治の論理」（一九一五年）では、「極端な個人主義」は「誤謬」（A六七頁）だと書いている。

一九一六年の「帝国議会を年中常設とすべし」という提言のなかでは「いかに先例なく、また容易にあらずとするも、善と知ってなさざるは道徳上の罪人である」（A七三頁）と書いている。

一九二二年の「小評論」では、「人を取らずして、その言を取る。正しき言に対しては叩頭する、これが吾輩の主義であり、これが吾輩の常に世に行われんことを祈願せる処のものである」（A一二七頁）と書いている。日常生活でも学問でも権威主義がはびこり、「偉い人」の発言だけが重用されることが多いが、湛山はこの日本的な風潮に真っ向から立ち向かった。

一九二三年の同コラム「自由討議の精神」では、「自由の精神とは資本主義でもない、社会主義でもない、軍国主義でもない、世界主義でもない。その他一切の型によって固められない、しかして他の説を善く聴き、自らの説を腹蔵なく述べ、正すべきは正し、容れるべきは容れて、一点わだかまりを作らざる精神をいう」（A一二〇頁）と説いている。「自由討議の精神を欠ける哲学・科学・芸術は、社会の進歩を妨げこそすれこれに貢献するものではない」（同）。

以上、『石橋湛山評論集』から抜き書きしたに過ぎないが、湛山のどの言説にも貫流しているのは〈平等の志向〉であると、強く感じることができる。浅野氏によれば、東洋経済新報社は「社長だろうとどんな偉い先輩だろうとみな『さん』づけで呼ぶ習わしだった」（D七頁）という。『言論百年――東洋経済の歩み』によると、「経営面では創業以来、一貫して『共有主義経営』を理念として保持し続けた。実際、町田忠治から石橋湛山に至る五人の主幹たちでさえ退社後は一株といえども保持していない。この伝統は〔今でも〕受け継がれている[17]」。

## 6 「社会主義」「共産主義」との距離

マルクス主義者ではなくても、人類の未来を少しでも考えようとすれば、賛否は別にして「社会主義」や「共産主義」を思い浮かべるだろう。真剣に未来を考えるなら、「社会主義」や「共産主義」について、自分はどういう態度・立場に立つのかを明確にするはずである。昭和天皇の教育掛りを務めたくらいだから、社会主義者でないことは明白であるが、小泉信三の『共産主義批判の常識』（講談社）を一読することを薦めたい。社会主義者の私にとっては、反面教師ということになるが、極めて質が高いからである。では、湛山は、「社会主義」や「共産主義」についてはどのように考えていたのであろうか。

一九二八年に治安維持法によって全国で千数百人の共産党員らが逮捕された「三・一五事件」の一カ月半後に書いた「共産主義の正体──その討論を避くべからず」を読むのがよい。その書き出しは「古来新思想の勃興を権力を以て圧迫してこれを滅し得た例は絶えてない」(A一五八頁)となっている。「そもそも共産主義とはどんな者か。〔……〕一言にすれば、社会生活に対する一種の理想にほかならない。共産主義者の古くからの標語であるが、各個人はその能力に応じて働き、各個人はその需要に従って生産物の分配を受ける……いわば現在社会の家庭生活の如く、社会全体を藹然《あいぜん》たる〔穏やかなさま〕一つの団欒に化したいというのである」(A一六一頁)。そして、「そんなことは夢だ……というのは多分多くの人の感想であろう。が夢は必ずしも悪事ではない。たとい夢でも、善を求むる夢であるなら、大いに夢むが好いではないか。古来の大なる仕事は、総て人の夢から現れた」(A一六二頁)と説いている。

もちろん共感の言だけを記しているのではない。湛山は、その後で「共産主義が危険なりとせらるるは、専らこの理想社会建設までの方法手段にある」(同)と批判する。「いわゆるプロレタリアの独裁政治」が排斥される。

湛山がここで「理想」として描いているイメージは、最初期の論文、一九一三年(大正二年)の「我に移民の要なし」にすでに書かれていた。移民問題を論じたこの論文では「世界を挙げて一家の如く睦むは理想なり」(A四七頁)としている。このイメージは、恐らく得度した経験による仏教思想の影響ではないであろうか。浅野氏は「宗教者としての心は経世済民の思想につながり、強い正義感として以後ずっと湛山の思想と行動を規定した[18]」と明らかにしている。

ロシア革命について「過激派政府を承認せよ」と主張したことは、前述した。今日のアメリカで「キューバ革命を承認せよ」と主張するよりはるかに「極左的」と言えるであろう。

他方、戦後一九六〇年の安保闘争の後で池田勇人内閣が成立した直後の論文「池田外交路線へ望む」では、はっきりと「私はあくまで社会主義にたいする資本主義の優越を信じ、それを維持発展することにより民族の繁栄を図ることを最大の念願としている」（A二七二頁）と書いている。ただ、ここでの「社会主義」とは、理論的原理的レベルではなく、ソ連邦や中国を念頭においていることに留意すべきである。湛山にとっては、抽象的理論そのものではなく、現実こそが絶えず問題だった。

そして、すでに触れたように、首相辞任後の一九六〇年代には、「日米親善は絶対の要件であ」（A二七五頁）るとしながらも同時に、中国やソ連邦との友好関係の樹立を主張し実践した。

以上に明らかなように、湛山は決して「反社会主義」「反共産主義」ではなかった。「共産主義」の「理想」を「善」として認めていたのである。（同意できない）問題はそれを実現する手段にあると考えたのである。

松尾氏が「共産主義の正体」を評論集に選んだのは適切であるが、「解説」ではこの論文には全く触れず、「社会主義」にもただ一言だけ湛山が「自然（由？の誤り）主義と社会主義に対する官憲の圧迫を非難した」（A二九五頁）という文脈でだけ触れているにすぎない。

## むすび――リベラリズムの今日的活路

「liberalism リベラリズム」は「自由主義」と訳される。「自由主義」を『広辞苑』で探すと、「近代資本主義の成立とともに、一七～一八世紀に現れた思想および運動。封建制・専制政治に反対し、経済上では企業の自由を初め、すべての経済活動に対する国家の干渉を排し、政治上は政府の交代を含む自由な議会制度を主張。個人の思想・言論の自由、信教の自由を擁護するもの」と説明されている。欧米語とその訳語とは社会的事象においては、どんな場合にも適訳は難しいし、意味する内容にずれが生じる場合がある。しかも言葉には流行があり、同じ言葉が別のニュアンスで流用されることも稀ではない。「capitalism キャピタリズム」は「資本主義」と訳され、滅多に「キャピタリズム」とは使わないが、保守的とは思われたくない人のなかには「自由主義」ではなく「リベラリズム」と表現したいという人はいるようだ。「保守」の対句には「革新」もあるが、「リベラリズム」あるいは「リベラル」が使われることも多い。一九九一年にソ連邦が崩壊する前は、「資本主義」という代わりに「自由主義」が多用されていた。ソ連邦の「社会主義」が崩壊したので、安心して「資本主義」と言えるようになった傾向もある。そして近年は「新自由主義」だけがかまびすしくジャーナリズムを席巻した。カタカナでの「ネオ・リベラリズム」(「ネオリベ」とも言う)はどちらかと言うと非難用語として使われている。

ともかく、資本主義の横暴に自由の圧迫を感じ、さりとて「社会主義」として立ち現れているソ連邦や中国にもすぐには同調できない人びとが、いわば第三の道として、「リベラリズム」に救いを見出そうとした、とは言えるであろう。数年前には「リベラリズム」が流行り、硬派の雑誌『思想』が「リベラリズムの再定義」なる特集を組んだこともあったが、[19]「再定義」なる言葉にも示されているように、「リベラリズム」とは何なのかが正体不明といってもよい。しかも近年は「リベラリズム」は下火となった。そのことは書籍のタイトルを一瞥すればはっきりする。「リベラリズム」をタイトルに冠した書籍はほとんど姿を消してしまった。

そうであれば、今日、「リベラリズムの真髄」石橋湛山を顧みることは無駄な努力にすぎないのであろうか。二重の意味でそうではない。

まず第一に、少なくない人びとが明らかにしている「小日本主義」は、今日ますます必要となり、実現の可能性が増しているからである。「東アジア平和共同体」が話題となっているが、その内実の柱に「小日本主義」は据えられるべきである。疑問の向きは、第一五回（一九九四年）石橋湛山賞を受賞した寺島実郎氏の論説を参照すればよい。湛山は、一九六八年の「日本防衛論」では「国連を強化し、国際警察軍の創設によって世界の平和を守るという世界連邦の思想を大いに宣伝」（A二八一頁）することを提案している。[20]そして同時に、本稿で明らかにした、湛山の柔軟で論理的な思考法もまた受け継がれ、その長所を発揮しなくてはならない。

第二に、湛山が理解した「自由主義」は今日では社会主義の方向性においてその活路を見出すことができる。この理解には少し説明が必要となる。

一九九一年末のソ連邦の崩壊は「マルクス・レーニン主義」による「社会主義」の誤りと限界を明らかにした。「マルクス・レーニン主義」は久しい以前から死語となり、日本共産党の場合には「科学的社会主義」と改称しているが、分かりやすく言えば、二〇世紀の社会主義は、「暴力革命」と「プロレタリア独裁」による「社会主義」を意味していた。「暴力革命」を剥き出しに主張しなくても日本共産党のように「敵の出方論」で済ませてきた。詳述の余裕はなく、別稿を参照してもらうほかないが、私は、一九九〇年代から「暴力革命」と「プロレタリア独裁」は「ブルジョアジー独裁」認識と三位一体不可分で、根本的に誤っていたと明らかにし、社会主義社会の政治システムは資本制社会と原理のうえでは同じ〈民主政〉で、変革するのは経済システムであり、それは〈協議経済〉――「計画経済」ではない、その異同については拙稿参照――であり、その革命は法律に則ったものでなくてはならず、ゆえに〈則法革命〉[21]として実現すると主張してきた。マルクスが主張した「階級闘争」ではなく、愛と説得による多数派の獲得こそが革命実現の道なのである。一言でいえば〈則法社会主義〉である。私は、この〈則法社会主義〉こそ、一九世紀の「空想的社会主義」、二〇世紀の「マルクス社会主義」を超える、二一世紀の社会主義像だと考えている。その基軸は〈生存権所得〉[22]（憲法第二五条を連想しやすいので、近年話題の「ベーシックインカム」より適切）の実現である。

「社会主義」をこのように全く新しく展望することが正しいとするなら、第6節でみた、「共産主義」に対する湛山の心配と批判は消失する。〈則法社会主義〉では「暴力」も「プロレタリア独裁」も原理的・現実的に排斥されているからである。そうすれば、前記の「共産主義の理想」を湛山も肯定していたのだから、同じ方向に向かって協力しあえることになる。

もちろん『広辞苑』を引いて示したように、リベラリズムは「経済上での企業の自由」と「すべての経済活動に対する国家の干渉の排斥」を属性とするがゆえに、賃労働‐資本関係の廃絶を前提とする〈協議経済〉との重大な相違が残されているが、この相違については、歴史の推移――前進と評価すべきである――がその架橋・変革を容易にしていると考えるべきである。地球温暖化対策を直視すれば明らかなように、すでに国際的規模において、経済の規制＝計画化は喫緊の課題となっている。したがって、リベラリズムは、資本の論理の剥き出しな発現・暴走を許し推進する「ネオ・リベラリズム」の方向にではなく、〈則法社会主義〉に合流可能なのであり、そこにこそ活路があるのである。飛躍が過ぎると思う人は、すでに一九五二年に、当時左翼からは「反動」とすら非難されていた法学者の尾高朝雄が『自由論』で、朝鮮戦争を背景に「今日の人類にとって『平和』が何ものにもかえ得ない最大の価値であることについては、異論の余地はない[23]」と確認したうえで「合理的な世界計画経済を立案・実施していく」ことを「人類共同の目的である」とまで明らかにしていたことを想起することを薦めたい。尾高は、イギリスのフェビアン社会主義に同調していた。

この小論を読み進んだ読者なら、私のこの結論について「我田引水」と評することはないであろう。湛山が明らかにしていたように、夢であることはいっこうに人生の障碍ではない。いつの世も夢に向かってひたむきに努力することこそが求められている。社会主義者の私は、平等を実現する夢を追いつづけたいと祈念している。その実現のためには、味方を広く求めることが事の本質において必要不可欠なのである。本稿を、『湛山回想』の結びの言葉によって締めくくることにしよう。「たたけよ、さらば開かれん〔新約聖書「マタイによる福音書」第七章〕。これが本書の結びとして、私が記したく思う言である」（B三九一頁）。

〈文献〉

A：松尾尊兊『石橋湛山評論集』岩波文庫、一九八四年、解説：松尾尊兊。
B：石橋湛山『湛山回想』岩波文庫、一九八五年、解説：長幸男。
C：増田弘『石橋湛山——リベラリストの真髄』中公新書、一九九五年。
D：川越良明『横手時代の石橋湛山』無明舎出版、二〇〇三年。「序文」：浅野純次。
E：半藤一利『戦う石橋湛山』新装版、東洋経済新報社、二〇〇八年。初版：一九九五年。

〈注〉

(1) 宮地正人監修『日本近現代史を読む』新日本出版社、二〇一〇年、一〇一頁。
(2) 家永三郎ら編集『新日本史B』三省堂、一九九〇年、二四七頁。『詳説日本史B』（山川出版社、二〇〇〇年）では「石橋湛山内閣は首相の病気で短命に終わり」とだけ記されている（三五四頁）。
(3) 浅野純次「個の確立と小日本主義」「教育情報パック」教育評論社、二〇〇六年五月一五日。
(4) この戦争については、吉田秀則「司馬遼太郎とモンゴル、そしてノモンハン戦争」『プランB』

第二六号＝二〇一〇年四月、参照。「作家の五味川純平は『ノモンハン事件をあるがままに正当に評価していれば、大戦に突入する愚は冒し得なかったはずである』（『ノモンハン』三一書房、五味川純平著作集第一〇巻、一九八五年）と述べた」という。

(5) 石堂清倫『20世紀の意味』平凡社、二〇〇一年、「V　日本の軍部」一六九頁、参照。

(6) 深津真澄『近代日本の分岐点――日露戦争から満州事変前夜まで』ロゴス、二〇〇八年、一三九頁。

(7) 『言論百年――東洋経済の歩み』東洋経済新報社、一九九五年、四頁。このコラムでは、「当時の『東洋経済新報』社説では、この行進が秩序整然と行われたことを民衆の知識向上を示すものとして特に強調している。これは普選の主張において、革命や民衆運動の暴発回避の重要性を力を込めて説いていたことと軌を一にするものであった」と説明している。

(8) 浅野純次「個の確立と小日本主義」「教育情報パック」二〇〇六年六月一日。

(9) リットン調査団について、余談ながら、彼らは岡山の大原美術館を訪ね、その壮観に驚いた。後に原爆投下の対象地点から岡山が外されたのは、この印象の故とも言われている（城山三郎『わしの眼は十年先が見える――大原孫三郎の生涯』新潮文庫、一九九七年、一二一頁）。

(10) 増田弘『石橋湛山』中公新書、一九九五年、一一一頁。他にも数編の論説が引用されている。

(11) 『言論百年――東洋経済の歩み』六頁。

(12) 穂積陳重『法窓夜話』有斐閣、一九一六年、三頁、一頁。

(13) 山口正「新刊紹介　川越良明『横手時代の石橋湛山』」『自由思想』第九四号＝二〇〇三年一二月、四二頁。

⒁ 小島直記『異端の言説　石橋湛山』上、新潮社、一九七八年、一九五頁。
⒂ 井上清『日本の歴史』上、岩波新書、一九六六年、一八二頁。
⒃ 浅野純次「個の確立と小日本主義」「教育情報パック」二〇〇六年六月一五日。
⒄ 『言論百年――東洋経済の歩み』二頁。
⒅ ⒃と同じ。
⒆ 『世界』岩波書店、二〇〇四年九月号。
⒇ 私は、一九九〇年に「自衛隊を解体し国連指揮下の日本平和隊の創設を」と提起した（『悔いなき生き方は可能だ』所収、ロゴス、二〇〇七年）。
(21) 村岡到『協議型社会主義の模索』社会評論社、一九九九年。『連帯社会主義への政治理論』五月書房、二〇〇一年。『生存権・平等・エコロジー』白順社、二〇〇三年。『社会主義はなぜ大切か――マルクスを超える展望』社会評論社、二〇〇五年。『悔いなき生き方は可能だ――社会主義がめざすもの』ロゴス、二〇〇七年。
(22) 村岡到『生存権所得――憲法一六八条を活かす』社会評論社、二〇〇九年、参照。
(23) 尾高朝雄『自由論』復刻版、ロゴス、二〇〇六年（解説：村岡到）、一九三頁、二二五頁。初版：勁草書房、一九五二年。なお、尾高朝雄の母方の祖父渋沢栄一の長女は、穂積陳重の妻である。護国寺の尾高家の墓の近くに穂積家の墓もある。

〈追記〉　本稿については、ある方に目を通していただき、適切な助言を多々教えられた。記して感謝する。

（『プランB』第二七号＝二〇一〇年六月、第二八号＝二〇一〇年八月）

書評

## 江守正多著『異常気象と人類の選択』角川新書

### 地球温暖化問題を現代文明の転機に

著者の江守正多氏は気象学者。先日に発表されたＩＰＣＣの第五次評価報告書の執筆者でもある。江守氏は、近年の異常気象の多発や地球温暖化問題の深刻さを鋭く説いている。江守氏によれば、地球温暖化の深刻さは、「慢性の生活習慣病」に例えると、「完治するような段階はすでに過ぎてしまっています」（一五頁、一四九頁も）。

私は、「２℃」の文字を見ても何を意味するのか理解できないほどに、この分野についても無知である。「２℃」とは、二〇一〇年にメキシコのカンクンで開かれたＣＯＰ16で合意された目標で、「産業化以前からの世界平均温度の上昇を２℃以内に収める観点から温室効果ガス排出量の大幅削減の必要性を認識する」（一一七頁）ことを表示している。

そもそも天候は「不規則に変動する」（二三頁）という。「気候システム」とか「太陽活動」とか、普段は目にしたことがない言葉ばかりで、とてもそれらの内容を要約することはできない。私は気象学についての知見についてだけではなく、それよりももっと重要で大切なことを教えられた。

江守氏は地球温暖化「対策積極派」の「動機の根底にある気分」を「行き過ぎた現代文明の見直し」（一〇六頁）と推察して、彼らの「ＧＤＰ成長至上主義［への］批判」（一〇七頁）に理解を示し、他方、その対極に位置する地球温暖化「対策慎重派」の特徴として「『経済価値』のフレーミング」（一一三頁）を上げる。そして「人の幸せは、もっと別の指標で測られるべきである」（一二六頁）ると示唆する。あるいは、「所有から利用へ」（一四二頁）という言葉も出てくる。また、「『2℃』のフレーミング」と「『経済価値』のフレーミング」を超えるものとして自身が提起している「『リスク選択』のフレーミング」に関して、そこで「守るべき価値がいつも経済価値で測れるものであるとはかぎりません」（一五六頁）と注意している。

ここで問題とされている「経済価値」こそ、核心的な問題だと、私は考える。市場経済と私的所有が万能普遍（不変）と思われているが、この常識が問われている。社会主義志向の最深の核心がそこにある、と私は考えている。

なお、江守氏が対立する論争などを客観的に理解する方法として「フレーミング」＝枠取りの相違という視点を設定している点もユニークで有益である。とはいえ、「大きな対立軸は『テクノクラシー』か、『デモクラシー』か、という形をとります」（一六二頁）としているのは、単純化が過ぎる。他にも「貧富の格差」も見落とせない「フレーミング」ではないか。マルクス主義者なら「階級関係」を最優先するだろう。

もう一つ学んだのは、社会的対立や難問の解決法についてである。基軸となるのは「判断と責任」（一六八頁）を明確にして、「社会の自己決定権〔を〕尊重」（一七五頁）することである。「社会の重要な意思決定は、質の高い情報の共有とさまざまな人々の意見表明を前提に、高い透明性を持って行われるべきだ」（二一二頁）。結論的に示せば「僕が理想とする形は、専門家の持つ専門知識と市民の持つ価値判断をうまく融合させたうえで、最終的な決定は政治が責任をもって行う、ということになります」（一六三頁）。私が傍点を付けた「政治が責任」だけでは不明であるが、「この問題は突き詰めると民主主義の根本問題に行き当たります」（同）と指摘している。

江守氏が例示しているさまざまな試みは、どれも貴重な経験である。「気候変動に関する世界市民会議」や「二〇一二年の民主党政権下で行われた、『エネルギー・環境の選択肢に関する国民的議論』」（一七四頁）や「意見聴取会」である。

江守氏は「現代文明の持続可能性は危うい」と判断したうえで、「『現代文明は持続することを選択すべきか』という問いが人々の一人ひとりに問われ」（二〇二頁）ていると鋭く突き付けている。脱原発と並ぶ重大課題である。

ただ一つ、江守氏の専門外の言及として、「共産主義革命」と「その失敗」と書かれている点については、この領域では多少の知識は持ち合わせている私としては、是認できない。ソ連邦の歴史の評価についてである。イギリスの「産業革命」とロシアの七〇年余の経験とを同列には扱えない。「社会主義の敗北」という、ソ連邦崩壊時に流行った常識的「偏見」に陥ってはならない。私は、内実もなしに立場を主張しているのではない。

前記の「経済価値」の問題こそが、一九二〇年代から三〇年代に国際的に展開された「社会主義経済計算論争」で問われていたのであり、四〇年代の「価値価格論争」の論点だった。失敗したとはいえ、その経験から学ぶことこそが大切なのである。私がそこから引き出した教訓は、生産物の評価問題の核心的重要性と、「道徳的要素」を加えた「協議評価」の必要性である（「協議経済の構想」『協議型社会主義の模索』参照）。

本文の結びの言葉を引いて、重く噛みしめよう。「求められる市民の最も重要な仕事は、省エネよりもむしろ『意見形成』なのです」。

（『探理夢到』第二号＝二〇一四年五月）

書評

## 水野和夫著『資本主義の終焉と歴史の危機』集英社

### 資本主義の終焉を巨視的に鋭く解明

書名に明示されている「資本主義の終焉」を歴史的に巨視的に鋭く解明している。このタイトルからはマルクス主義経済学者を想起するだろうが、著者の水野和夫氏は、三菱ＵＦＪモルガン・スタンレー証券のチーフエコノミストを経て二〇一〇年から一二年に民主党政権で内閣官房内閣審議官を務めたこともある経済学者である。もう六年も前になるが、中谷巌氏が「懺悔の書」『資本主義はなぜ自壊したのか』（集英社インターナショナル）を著して話題になった。その後も類似の著作がいくつか刊行されているが、本書は抜群である。

本書の書き出しは「資本主義の死期が近づいているのではないか」であり、「おわりに」の結びは「おそらく資本主義〔の永続〕を前提につくられた近代経済学の住人からすれば、私は『変人』にしか見えないことでしょう。しかし、『変人』には資本主義終焉を告げる鐘の音がはっきりと聞こえています」と締めくくられている。この結論が明確であるだけでなく、その内実こそが本書を万人が読むべき好著としている。著者は、この結論を骨ふとく説いている。基軸となる認識は二つである。

一つは、フェルナン・ブローデルのいう「長い一六世紀」――ヨーロッパにおける荘園制・封建制から資本主義・国家主権システムへの移行――との対比によって資本主義の歩みを歴史的に概観する視座である。「『陸』のスペイン世界帝国」から「『海』の国民国家イギリス」への覇権の交代の意味が、資本主義の歩みの解明に活かされる。

もう一つは、資本主義をいかなるものとして捉えるかである。著者は、「利潤極大化を最大のゴールとする資本主義」と捉え、したがって利子率の推移に着目する。

「資本主義とは神の所有物〔時間と知〕を人間のものにしていくプロセスであ」る。「『時間』と『知』に対するあくなき所有欲は、ヨーロッパの本質的な理念である『蒐集』によって駆動されます」。「『強欲』資本主義は、資本主義黎明期から内臓されていたものだった」。「資本主義自体、その誕生以来、少数の人間が利益を独占するシステムでした」。

さらに資本主義は「『中心／周辺』という枠組み」を初発から内臓していた。「グローバル資本主義とは……国家の内側に『中心／周辺』を生み出していくシステムだといえます」。

だが、すでにフロンティアはどこにも存在しない。「アメリカの資本主義延命策」が「『電子・金融空間』の創造」であるが、それも破綻すると著者は見通す。

著者は、長期にわたる低金利時代到来、金融バブル、ギリシャの財政崩壊に端を発する欧州危機、の意味を鋭く明らかにする。

日本資本主義についても鋭く批判的である。「一九九〇年代後半以降の日本の労働政策」を批判し、「アベノミクス」についても全面的にその破綻を予見して批判している。逆に、「労働時間の規制を強化して、ワークシェアリングの方向に舵を切らなければなりません」。「非正規という雇用形態」ではなく、「原則的に正社員としての雇用を義務づけるべきだと考えます」。「問題は法人税や金融資産課税を増税して、持てる者により負担してもらうべきなのに、逆進性の強い消費税の増税ばかり議論されているところです」。

著者による「民主主義」（私は〈民主政〉と表現したいが）の捉え方も鋭く示唆的である。「民主主義は価値観を同じくする中間層の存在があってはじめて機能する」という著者の指摘は鋭い。「市民革命以後、資本主義と民主主義が両輪となって主権国家システムを発展させてきました」が、「グローバル資本主義は、社会の基盤である民主主義をも破壊しようとしています」。「資本主義は、中産階級を没落させ、粗暴な『資本のための資本主義』に変質していった」からである。

著者は「資本主義の凶暴性に比べれば、市民社会や国民主権、民主主義といった理念は、軽々と手放すにはもったいないものです」と確認しているが、もっと積極的に評価し、充実させることこそ必要である。

情報独占・公開の意味を重く見る著者は、ＣＩＡの機密を暴露して世界を揺るがせた「スノーデン事件」に着目する。この「事件が問いかけているのは民主国家の危機なのです」。

著者はくりかえし、「資本主義の先にあるシステムを明確に描く力は今の私にはありません」と謙虚に断っているが、「資本主義の終焉」がここまで明確に予見できるのなら、「次のシステム」について早急にその骨格を英知を結集して創造することが課題である。「資本主義の暴走にブレーキをかけながらソフトランディングをする道」を探究・実現しなくてはならない。「近代資本主義を駆動させてきた理念もまた逆回転させ、『よりゆっくり、より近く、より曖昧に』と転じなければなりません」。先日、ＮＨＫで「ダウンシフター」（減速生活者）を新しい生活スタイルとして特集していた。

私は一貫して資本主義に代わるのは〈社会主義〉だと主張し、ソ連邦の崩壊に学んでその経済システムは〈協議経済〉として構想されるべきだと提起してきた。生産物の引換えを〈協議評価〉に基づく「協議した計画」によって実現することが、市場経済を克服する道である。そして、その社会で花咲く理念は、「自由」や「平等」ではなく〈友愛〉である。農業を土台にすることも前提である。

「成長至上主義から脱却しない限り、日本の沈没はさけることができないのです」。都知事選挙で細川護熙氏が告示日の第一声で明らかにしたのもこのことであった。この認識を広げ常識にしなくてはならない。そのためには、「次のシステム」の骨格を合わせて提起することが必要ではないだろうか。

参考文献

村岡到「書評・中谷巌『資本主義はなぜ自壊したか』」。『ベーシックインカムで大転換』所収。

村岡到『協議型社会主義の模索』

（『探理夢到』第三号＝二〇一四年六月）

書評

## 横手慎二著『スターリン——「非道の独裁者」の実像』中公新書

### スターリン時代の解明を大きく深化

著者の横手慎二氏は、モスクワの日本大使館に勤務した経験もあるロシア研究者である。私は本書で初めて出会ったが、ずいぶん前に読んだE・H・カーやI・ドイッチャーを思い出すほどの、かれらに比肩できる幅の広さと内実の深さを感じさせる労作である。

スターリンには誕生日が二説あることに始まって、青年時代には詩も書いていた、意欲的な人間であったと描写。「ロシアの詩聖プーシキンの詩〔の〕模倣」にも言及。神学校を経て、ボリシェビキの党員となり、「スターリン」（鋼鉄の人の意）となる。一九一七年にロシア革命の勝利。二四年にレーニンが死没。トロツキーなどとの党内闘争を潜り抜けてやがてスターリンは、ソ連邦の最高指導者となる。その過程で、スターリンは多くの書籍を私設の文庫として整え、よく読書していたことも初めて知った。三〇年代には背筋が凍るすさまじい粛清の嵐を断行。第二次大戦ではヒトラーのドイツに勝利。五三年に死没。五六年のソ連邦共産党第二〇回大会でのフルシチョフによる「スターリン批判」。一貫して貫かれていたのは、目的実現への強烈な意志と組織＝党の活用である。

このスターリンをどのように評価したらよいのか。サブタイトルに選ばれている「非道の独裁者」という定評の一方で、ロシア国内では今日でも依然として「優れた指導者として信奉」する人が多い。何故なのか？　著者はこの難問を提示して、答えようとする。問いがこのように立てられていることの意味をしっかりと理解しなくてはならない。というのは、対比するのも気が引けるが、ソ連邦は「社会主義とは無縁」だと切り捨てる傾向すら存在するからである。日本共産党である。そういう手前勝手な立場から、「スターリン秘史」（不破哲三氏）を暴いても大した役には立たない。昔、哲学者の梅本克己が明らかにしたように、肯定面の理解を含まない否定は弱い。カーが『ロシア革命』で説いたように、「体制の厳しさと残酷さは現実のものであった。しかし、その成果もまた現実のものだったのである」。

横手氏は、ソ連邦崩壊後に解禁された文書も数多く参照して新しい事実と解釈を縦横に取り入れている。アメリカの大学でそれらの文書が訳出されていることも興味深い。横手氏は、社会主義を志向するわけでもないし、資本主義を賛美するわけでもなく、務めて客観的な立場を貫いている。「はじめに」の結びに「北方に位置する国を理解しようとする」と書かれているが、私としては、性急さは避けなければならないが、そのためにはやはりカーがそうしたように、過去が対話すべき未来に社会主義を設定することが不可欠で有効だと考えたい。

党派的な賛否・好悪を避けている一例を挙げれば、トロツキーによるスターリン批判には行き過ぎがあったことを明らかにしながら、逆に経済の工業化についてのトロツキーの提案を後年にスターリンが採用する場面では、トロツキーの先駆性を評価している。

横手氏は、ツアーの時代には、「政治に関与できる者がごく少数だったという事実」に着目する。そういう政治風土のなかで、「革命家」が醸成されたのであり、ボリシェビキによる政権掌握が可能となったのである。前に読んだ藤田勇の著作には「自白は証拠の女王である」とされ、「法律についての無知は革命家の誇りである」とされていたと書いてあった。レーニンの国家論はこの土壌の上で説かれ、受容された。

横手氏が欠落なく叙述している前記のスターリンの軌跡における主要な問題を全部紹介する余裕はないが、「一国社会主義論と世界革命論」は、日本で新左翼が誕生して台頭する一九六〇年代にも主要な論点とされていた。トロツキーなどが待望したヨーロッパにおける革命はついに到来しなかった。だから、リアリティーという点では、スターリンの「一国社会主義論」が優っていたことは明らかであるが、「世界革命論」を放棄・敵視したことが何を引き起こし、何に帰着したのか、なお探るべき課題は残されている。

本書には「ソ連イデオロギー」という著者の創語が二度出てくる。最初は「政策的にナショナリズム〈国家主義〉とマルクス主義を核とした」と形容句が付き、二度目は「共産主義と愛国主義が合体し、新たな」と形容されている。使われている四つの単語自体が、その意味は何かと問うとややこしいことになるが、「ソ連イデオロギー」とは何なのか、創語したからには、その本義をさらに詳しく説明する必要がある。

私は本書を学んで、スターリンやロシア革命を解明するためには、もう一つ〈マルクス主義の責任〉という問題設定が是非とも必要ではないかと痛感した。二〇世紀のいわゆる社会主義は〈社会主義の疎外態〉として把握すべきではないだろうか。そうすることによって、レーニンやトロツキーやロシアなどの民衆が手さぐりで格闘・模索した清濁入り混じった経験から教訓を探り出し、〈二一世紀の社会主義〉を探究することが可能になるはずである。

スターリンとは何者だったのか、ソ連邦とは何だったのか、大きな歴史的難問が、解答を迫っている。ロシア研究の第一人者渓内謙が『現代史を学ぶ』で説いたように、「歴史〈研究〉の目的は、過去の『事実』の発掘にあるのではなく、時代が提起する『問題』の解明にある、あるいは『過去の事実の記憶』にあるのではなく、『現在の問題の解決』にあります」。

☆塩川伸明氏の書評〈ロシア東欧学会年報『ロシア東欧研究』春号掲載。ネットにあり〉必読。

（『探理夢到』第一〇号＝二〇一五年一月）

# あとがき

　私は、一九九八年にアントン・メンガーの『全労働収益権史論』（弘文堂書房、一九二四年）を読み、〈生存権〉の核心的重要性を教えられ、「生存権と生産関係の変革」（『生存権・平等・エコロジー』収録）を書いた。ソ連邦崩壊後の〈社会主義像〉探究の転機となった。当時、日本共産党は「生存権」を嫌い、「生存の自由」という不自由な言葉を綱領に書いていた。その後、共産党は「生存権」を使うようになり、二〇〇四年の綱領改定では「生存の自由」を破棄した。だが、「生存権」とは書き入れなかった。

　私の生き方、考え方に強い影響を与えた思想家は、何度も水戸のご自宅を伺った哲学者の梅本克己さんである。肝に銘じている、彼の言葉がある。「人間は変わるものだという。……本当に新しい目をもつためには変わらねばならぬ。ただどんな風に変わってきたか、そのけじめだけは忘れたくない」（『革命の思想とその実験』三一書房、一九六九年、二七三頁）。私は、この言葉を、一九七五年に刊行された『追悼　梅本克己』（風濤社）に寄せた一文の結びに記した（九八頁）。「生存の自由」の放棄は、果たして「けじめ」をつけたうえでのことだろうか？

　もう一つ。「否定面の理解をともなわぬ肯定が弱いものであるように、肯定面の理解をともなわぬ否定は弱い」(『マルクス主義における思想と科学』三一書房、一九六四年、一三〇頁)。これもまた、深淵な教訓である。不破哲三氏の「スターリン秘史」は反面教師の一例ではないか。

共産党が苦難の歩みを通して築き上げてきた実績に勝るものは、日本の左翼運動には存在しない。新左翼は共産党の限界や誤謬を批判し、共産党を乗り越えると呼号したが、結局は衰退してしまった。私は、共産党が根本的に脱皮することが、日本における社会主義運動の前進の不可欠の課題だと深く確信している。脱皮の突破口の一つは、平和運動における原水禁と原水協との積年の対立の歴史的和解であり、もう一つは党内外での理論的論争の展開である。

私は依然として、人類の未来は〈社会主義〉だと展望している。だが、〈社会主義〉の内実は、ソ連邦の崩壊などの歴史的実験に踏まえて刷新しなくてはならず、その核心は〈多様性〉と〈友愛〉の定立にある。この問題については、昨年刊行した『貧者の一答』など別著を読んでほしい。

総選挙における自民党の「圧勝」は、敗戦後七〇年の節目の年に暗く重苦しい状況をもたらしている。そうであればこそ、現実を直視して陰のなかに光を見出す努力を諦めることなく貫くことが必要なのだと、私は思う。先人から虚心に学ぶことが大切である。

「社会主義へ討論の文化を!」——一九八〇年代後半にペレストロイカのなかで提示されたこの呼びかけは、提唱者がどうなろうとも、いつか実現する真実の道標である。このつたない小著が、大きな水湖に波紋を拡げる一石となることを念じる。

二〇一五年一月一五日

村岡　到

## 本書関連の村岡到論文・著作 （数字は該当する頁を表す）

## 人名索引（- は同じ節などに頻出するもの）

村岡 到（むらおか　いたる）
1943年4月6日生まれ
1962年　新潟県立長岡高校卒業
1963年　東京大学医学部付属病院分院に勤務（1975年に失職）
1969年　10・21闘争で逮捕・有罪
1980年　政治グループ稲妻を創成（1996年に解散）
ＮＰＯ法人日本針路研究所理事長

村岡 到主要著作

1980年『スターリン主義批判の現段階』稲妻社
1986年『変化の中の日本共産党』稲妻社
1996年『原典・社会主義経済計算論争』（編集・解説）ロゴス社
『ソ連崩壊と新しい社会主義像』（石井伸男と共編）時潮社
1997年『社会主義へのオルタナティブ』ロゴス社
1999年『協議型社会主義の模索—新左翼体験とソ連邦の崩壊を経て』社会評論社
2001年『連帯社会主義への政治理論——マルクス主義を超えて』五月書房
2003年『生存権・平等・エコロジー——連帯社会主義へのプロローグ』白順社
『不破哲三との対話』社会評論社
2005年『社会主義はなぜ大切か——マルクスを超える展望』社会評論社
2007年『悔いなき生き方は可能だ——社会主義がめざすもの』ロゴス社
2009年『生存権所得——憲法一六八条を活かす』社会評論社
2010年『ベーシックインカムで大転換』ロゴス
2011年 編著『ベーシックインカムの可能性』ロゴス
編著『脱原発の思想と活動——原発文化を打破する』ロゴス
2012年 編著『歴史の教訓と社会主義』ロゴス
『親鸞・ウェーバー・社会主義』ロゴス
2013年『ユートピアの模索——ヤマギシ会の到達点』ロゴス
『友愛社会をめざす——〈活憲左派〉の展望』ロゴス
『農業が創る未来——ヤマギシズム農法から』ロゴス
2014年『貧者の一答——どうしたら政治は良くなるか』ロゴス

日本共産党をどう理解したら良いか

2015年2月18日　初版第1刷発行
著　者　　村岡　到
発行人　　入村康治
装　幀　　入村　環
発行所　　ロゴス
〒113-0033　東京都文京区本郷2-6-11
TEL.03-5840-8525　FAX.03-5840-8544
http://www18.ocn.ne.jp/~logosnet/
www.logos-ui.org
印刷／製本　株式会社 Sun Fuerza

定価はカバーに表示してあります。 ISBN978-4-904350-34-8　C0031